少儿英语

教学模式研究

Research on the Teaching Model of Children's English

宋翠萍　张莉莉◎著

人民日报出版社

北京

图书在版编目（CIP）数据

少儿英语教学模式研究 / 宋翠萍，张莉莉著. —北京：人民日报出版社，2023.6

ISBN 978-7-5115-7864-8

Ⅰ. ①少… Ⅱ. ①宋…②张… Ⅲ. ①英语－儿童教育－教学模式－研究 Ⅳ. ①H319

中国国家版本馆CIP数据核字（2023）第105232号

书　　名：少儿英语教学模式研究
SHAOER YINGYU JIAOXUE MOSHI YANJIU
作　　者：宋翠萍　张莉莉　著

出 版 人：刘华新
责任编辑：刘晴晴
封面设计：中尚图

出版发行：人民日报出版社
社　　址：北京金台西路2号
邮政编码：100733
发行热线：（010）65369527　65369512　65369509　65369510
邮购热线：（010）65369530
编辑热线：（010）65363251
网　　址：www.peopledailypress.com
经　　销：新华书店
印　　刷：天津中印联印务有限公司
法律顾问：北京科宇律师事务所 010-83622312

开　　本：710mm × 1000mm　1/16
字　　数：217千字
印　　张：13
印　　次：2023年7月第1版　2023年7月第1次印刷

书　　号：ISBN 978-7-5115-7864-8
定　　价：59.00元

前言

少儿泛指 2 ～ 12 岁的少年儿童，本书主要以这一阶段内的小学生为研究群体，针对其英语教学模式的进一步提升展开探讨。且近年来，“专业发展”成为教师教育研究的主要方向之一，旨在帮助职前教师、初任教师，包括有一定经验的教师提升其教学能力，增强教学成效。

少儿英语教学要求教师要掌握少儿英语教育的基本知识和基本技能，熟悉英语教学环节与评价。为此，本书以理论结合案例的形式，结合自身多年教学经验，总结基础教育领域，尤其是小学英语教师必备的学科知识基础，通过凝练、提升、总结形成相对专业的训练体系，为教育工作者提供具体的方法、实用技巧。

全书共分为 5 章，第一章是对少儿英语的基础概述，包括少儿英语教育、少儿英语课程与教学。第二章介绍了少儿英语语音、词汇、语法的基础知识教学。第三章介绍了少儿英语基础技能教学，包括听力教学、口语教学、阅读教学、写作教学。第四章罗列了少儿英语教学过程中几种常用的教学模式，如图片教学、游戏教学、故事教学等。第五章从教学评价环节探讨了少儿英语的教学评价、课程评价，以及德育在其教学过程中的渗透。

本书在写作过程中参考了大量文献资料，并结合了作者多年的教学与研究经验，由于作者水平有限，虽然经过多次细心修改，书中难免存在疏漏和不足之处，恳请广大读者批评指正。

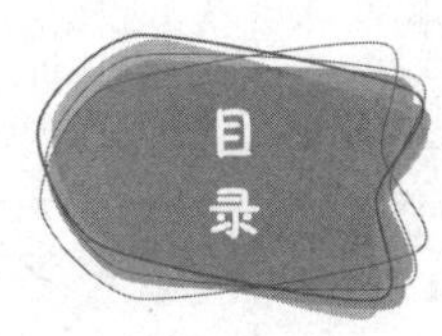
目
录

第五章　少儿英语课程教学评价

第一章　少儿英语概述

第一节　少儿英语教育

一、少儿英语教育概述

少儿的模仿能力很强，对一种语言的了解和掌握，往往是在使用中习得。对于少儿来说，是一边学习、模仿，一边使用，而非先学语言形式，再进行语言表达，他们既习得语言手段，又习得语言的非语言手段。

（一）教育要素

良好的学习环境是确保学习效果的前提。在进行少儿英语教学中，教师应着重教授语言的各种功能、充分利用好各种非语言手段，为孩子们提供良好的语言环境，让他们在轻松、愉悦的环境中掌握另一种语言能力。在这里，少儿英语教师需要注意以下事项。

1. 语言环境

在习得和使用母语的过程中，人们对少儿说的话会对他们产生深刻的印象，尤其是“母亲语言”。对于听到的语言，少儿会加以筛选，往往只听到听得懂的话。因此，在进行少儿英语教学中，教师需要尽可能用孩子们听得懂的语言进行英语的教学，教授的内容与少儿的认知水平和领悟能力相符。

2. 语言学习顺序

少儿语言的习得有一定的顺序和规律性。比如，少儿对语义意念的语言标记的掌握，往往会经历一个从“无标记—有限情形下使用合适标记—对标记的过渡概括—吸收、内化和创造性使用语言”的过程。基于此，教师在选择教材内容、制订教学计划时，应当遵循少儿习得语言的顺序和规律，科学安排教学活动，确保教学效果。

3. 师生关系

在与少儿交流时，人们通常需要有深厚的情感和较大的耐心，让他们感受温暖，这样一来，少儿就会将学说话视作一种乐趣，学起来也更有效率。因此，在少儿教学中，教师应当给予每一位少儿充足的关怀，让他们感受到母爱般的温暖，以激发少儿的英语学习兴趣，掌握一门新的语种。

（二）能力培养

互联网时代，社会对人的素质要求越来越高。以培养学生听、读、写为主的传统英语教学模式显然无法适应日益激烈的竞争需要。因此，少儿英语教育机构需要树立国际性视野，将培养目标放在具有国际竞争力的双语人才方面，这就需要重点培养少儿以下 3 种能力。

1. 国际化语言能力

掌握国际化语言，并非简单地掌握几百上千的英文单词，会简单地英语对话，而要求少儿具备跨语言的沟通能力，让孩子能够学以致用，对未来的工作有所帮助，提高交际能力和社会适应能力，具备良好的竞争优势。对此，有教育专家倡导学科英语教学模式，即用英语学习语文、数学、科学等学科，而不局限于提倡口语交谈。这种教学形式有助于学生的知识内化。

2. 英语思维能力

在学习英语的过程中，国人的惯性思维是“英译汉”，用汉语思考英语，这容易导致英语口语不够纯正，在运用方面不够灵活，难以形成系统的英语思维能力。想要成为一名具有国际竞争力的双语人才，具备英语思维能力是基本的能力之一。在这里，教师可以通过一些手段构建“沉浸式学习环境”让学生“用英语学英语”，培养和提高英语思维能力。

3. 国际领导力

所谓少儿国际领导力，是指少儿阶段锻炼和积累的演讲演示、团队协作、项目管理意识和能力。在课堂教学中，应当利用各种手段调动学生的参与性和积极性，培养学生的国际领导力，这对学生的未来发展是极其有利的。经过“沉浸式学科英语”和“未来领导力”的教育，少儿运用英语交流的能力将显著提升，其相应的肢体语言也会更加丰富，交流起来更自然、从容。

二、少儿英语教育教学条件

3 ～ 12 岁是学习英语的黄金时期，这是培养英语思维和发展英语能力的关键时期。脑科学研究发现，人在 12 岁之前语音中枢与母语同在左脑，此后语音中枢会转到左脑，脱离右脑的母语。大部分语言学专家认为，学习外语的最佳时期是12 岁之前。在 12 岁之前接受系统的英语教学，其在发音的准确性、语言运用的灵活性方面堪比英语母语者[①]。

因此，有条件的家庭应当尽可能让自己的孩子早接受英语教育。在少儿英语教育教学条件方面，优秀的师资、科学的教学方法、适当的教材等，是学好英语的前提。

（一）优秀教师

一名优异的少儿英语教师，应当具备扎实的专业知识、优秀的教育教学能力、良好的职业素养和个人魅力。

1. 扎实的专业知识素养

师者，所以传道受业解惑也。想要实现这一目标，扎实的专业知识必不可少，否则，教师自身的外语水平都不过硬，又如何能教导好学生。对于英语教师而言，并不是过了英语等级考试那么简单，还需要对英语语言文化和主要英语国家的文化有一定的了解。语言是文化的载体，在语言教学中补充相应的文化知识，能够降低语言的理解难度，培养少儿的英语学习兴趣。

2. 优秀的教育教学能力

在大部分家长看来，外籍教师就是比本土英语教师优秀，这实则是一个认识误区。不可否认，外教使用的语言往往更地道，但并不意味着他们就懂得如何去教学。而本土的英语教师经过长时间的英语学习和教学实践，掌握丰富的教育理论，懂得多种教学技巧，且更加了解中国的英语学习者，善于对症下药。

3. 良好的职业素养和个人魅力

职业素养要求少儿英语教师要对少儿教育工作抱有极大的热情，了解少儿教育特点，懂得因材施教，能够为少儿营造轻松、愉悦的教学氛围；同时，少儿英语教师应当有足够的耐心和爱心呵护祖国的花朵，给予他们足够的关怀，让孩子喜欢上自己和自己的课。

---

① 李向武．少儿英语教学技能 [M]. 成都：西南交通大学出版社，2018.

（二）教学方法

少儿英语教学，旨在培养少儿学习英语的兴趣、英语语感和帮助少儿初步掌握用英语进行日常交流等能力，为后续的英语学习奠定坚实的基础。结合少儿身心特点，教学适宜从以下方面入手。

1. 选择合适的教学内容

在选择教学内容时，应当结合少儿身心特点，关注少儿的兴趣爱好。学前期阶段，是少儿发展语言能力和身心的关键时期。考虑到这一点，少儿英语教学内容应当选择少儿感兴趣的主题，由易到难、由浅入深，层层递进开展教学活动。这一时期的少儿对动物、玩具、颜色、数字、食物等感兴趣，教学内容也需要从这方面入手，如在小班教学简单的单词“dog（狗）、pig（猪）、cat（猫）”等，到了中班和大班，则在学习单词之余，进一步教授短语和口语对话，如“Give me an apple, please”，等孩子们掌握之后再进入下一阶段的学习。

2. 坚持趣味性原则

游戏对少儿有天然的吸引力，是他们日常生活的一部分。根据少儿爱玩的天性，在开展英语教学时，教师可以将一些富有趣味、新颖的游戏与教学内容结合起来，通过歌曲、童谣、绘画等形式，调动孩子学习英语的兴趣，培养孩子的外语思维能力。比如，在学习有关颜色的单词时，让学生戴着不同颜色的头饰，碰面时要说出对方头饰的颜色，说错的则成为说对之人的“尾巴”，“尾巴”最长的人成为游戏胜利者。采用趣味性的教学形式，能够激发学生的学习热情，不仅拉近了师生、学生之间的距离，还培养了学生团结友爱的性格。

3. 打破传统母语原则

在国内的英语教学中，教师会常常用母语进行外语教学。由于这种方法需要经过一道翻译程序，会导致领悟能力较弱的少儿无法跟上正常的语速，影响教学效果。因此，在少儿英语教学中，教师应当尽可能用英语进行教学，通过手势、动作、情境等给少儿提示，加深少儿的理解。

4. 及时纠正语言错误，多加表扬鼓励

对于 3 ～ 6 岁的少儿来说，发音器官尚不成熟，听觉的分辨能力和发音器官的调节能力稍弱，对某些音的发音方法不能很好地掌握，出现发音错误是很正常的现象。对此，教师不能放任发音错误，否则一旦形成习惯就很难纠正，也不能直接打断幼儿的思路，摆出严肃的样子。正确的做法是细心观察导致孩子发音错误的原因，用尽可能温柔、委婉的方式对其进行启发，并鼓励少儿大胆发音。另外，对于表现好的学生要予以表扬，表现欠佳的要积极鼓励，不能打击孩子的学习信心，以免对英语学科产生畏惧感。

5. 将巩固、复习贯穿教学全过程

根据艾宾浩斯遗忘曲线，学习者在学习新事物时，如果不反复进行复习，会很快遗忘所学的内容。毕竟，“过目不忘”的人只是极少数。因此，在日常英语教学中，教师教授完新知识后，要帮助孩子们及时复习，加深记忆。经过一段时间的复习巩固，学生听觉感受能力会有所提高，能够分辨语音的细微变化，掌握正确的发音，同时，少儿的发音器官也会更加协调。在复习的过程中，教师可以采用随机提问、问答、角色表演等形式，降低复习旧知识的乏味感，提高复习效率。

6. 日常生活中的语言培养

少儿习得的知识和技能，大部分来源于日常生活。对此，教师在英语教学中可以从日常生活的细节入手，让孩子们说出感兴趣的事物的单词（可适当指导），如说出晚餐吃的饭菜单词、周围事物的名称等。现实生活中蕴含丰富的教学素材，利用得当往往能带来出乎意料的惊喜。要注意的是，即便是同一年龄段的少儿，他们在认读能力、口语水平、性格等方面也存在一定的差异，教师需要给予能力稍弱的学生多一些亲近和爱心，为他们创造更多发言的机会；对于能力强的少儿，提出更高的要求，如领读儿歌、领唱童谣等，让全体学生在原有的基础上都能有所进步。

开展少儿英语教学，必须结合少儿身心特点，遵循少儿语言学习规律，坚持以少儿为学习主体，在此基础上开展有针对性、趣味性的英语教学活动，调动学生的参与性，培养学生学习兴趣，体验学习英语的乐趣。

（三）英语教材

教材为开展教学活动提供指导，对于刚开始学习英语的少儿来说，一本优秀的英语教材至关重要。一本好的英语教材，需要贴近少儿生活，简易实用、富有趣味、朗朗上口、难度适中，同时要求有明确的教学目的和地道的英语表达。以下是一些口碑不错的英语教材。

1. 剑桥少儿英语教材

“剑桥少儿英语”是英国剑桥大学考试委员会专门为英语为非母语国家的少年

儿童设计的考试系统，包括学习和考试两部分。1997 年，我国教育部考试中心中英教育交流中心引进该项目并开始在内地推广。凡是年龄在 6 ～ 12 岁的少年儿童都可以参加该系统的学习及英语考级检测活动。经过 20 余年的发展，该考试系统深受广大师生、家长的喜爱。

（1）教材特点。强调学生的素质教育，关注学生的情感发展。《剑桥少儿英语》旨在培养少儿的人文素养，引导学生树立学习信心，锻炼想象力和创造力，提升学生的成就感，促进学生身心健康。

注重培养学生对英语知识的实际运用和实践能力。《剑桥少儿英语》以感知语言为前提，教学中有着诸多语言训练，能让孩子们深刻感受到英语的特点，通过丰富的儿歌、韵律、节奏类游戏等来激发少儿学习英语的兴趣，并从中获得快乐体验。

强调中西文化的交融，培养锻炼学生的交际能力，提高其思维能力。在少儿英语教学中，辅之以《剑桥少儿英语》，能够让学生更多地了解东西方文化差异，教材倡导的简单英语对话和短句表演有助于培养学生的交流意识，增长见识，拓宽知识面。

注重学科知识的融会贯通，开阔学生的视野。《剑桥少儿英语》巧妙地与多种学科融合，在教授英语知识和技能的同时，让学生了解相关学科的内容，起到开阔视野、提升综合素质的作用。

（2）教学理念。让孩子们在“学中玩，玩中学”是《剑桥少儿英语》倡导的教学理念，强调兴趣是最好的老师，要采取各种办法培养学生英语学习兴趣，使其受益终身。这一独特的教学理念，贯穿少儿英语教学活动的全过程，有着积极的意义。

让“玩”成为少儿英语课程教学的一个重要组成部分。在不少家长甚至教师看来，玩除了耽误学习时间、影响教学进度和考试成绩外，并没有好处，这实则是认识上的偏差。考虑到少儿身心特点，玩是孩子们的天性，通过“学中玩，玩中学”的各项活动，才会对学习感兴趣。若是一味强迫学生整天学习枯燥的单词和短语，效果定然不尽如人意。

打破“一言堂”，让学生积极参与到教学当中。在学习英语初期，学生想要掌握一门语言的基本技能，需要耗费大量时间来感知语言和进行语言实践，如果连这种机会都没有，也就谈不上运用语言进行交流、沟通了。《剑桥少儿英语》强调学生的参与和操练，将趣味引入课堂教学，努力培养孩子们的学习兴趣，帮助他们尽可能长时间将注意力放在学习当中，让他们从中感受到学习的乐趣，实现全面的发展。

（3）学制结构。“剑桥少儿英语”学习系统包括4个连续级别，学习的年限一般是4至4年半，每级的学习时间约1年。

预备级（Pre-Starters）：感知语言和培养兴趣的起始阶段。

第一级（Starters）：实践语言和打好听、说、读、写基本功阶段。

第二级（Grade Ⅱ）：加强实践与交流和巩固语言基本技能阶段。

第三级（Grade Ⅲ）：加强阅读理解及扩大知识及文化视野阶段。

《剑桥少儿英语》面向的是我国6～12岁的少年儿童，教材的编写参考了我国《英语教学大纲》（教育部制定的九年义务教育全日制初级中学教学大纲，人民教育出版社出版）及国内外比较有代表性的儿童英语教学标准。从内容和形式的角度看，教材考虑到少儿的认知水平和身心特点，具有“活泼、有趣、轻松、连续”的特征。

2. 牛津系列教材

《牛津少儿英语 LET'S GO》系列教材，是牛津大学出版社纽约分社在多年的考察研究，吸收借鉴世界先进的教学理念和教学方法的基础上，专门为非母语国家研发的英语教材体系，由美国斯坦福和英国牛津大学语言教育方面的专家，参照人体脑神经学科的科研成果，潜心研究出的一套全新的语言学习立体教材。一经出版，享誉全球。《Let's Go Professional》，专门为低龄儿童（6～12岁）设计，充分考虑了儿童身心特点，书中两只顽皮可爱的小猫 Sam 和 Ginger 通过歌曲、游戏、对话和丰富的练习教授英文发音、词汇和语法，做到了寓教于乐，让儿童在游戏中学习，获得全球 Best Early Elementary ESL 奖（最佳初级小学英语教材）。

《牛津少儿英语 LET'S GO》教材一共分7个级别，教材利用了“儿童阶段是语言学习关键期”这一得天独厚的优势，结合儿童好奇、好动、好玩、好胜、好表扬的心理特点，运用大量独创的、生动、活泼的外语教学游戏，让孩子们在学习英语时不会感到害羞、紧张和畏惧，有助于培养学生积极开朗的性格，调动学生英语学习的积极性。

教材一经出版，便广受好评，获得了不少国际荣誉，具体包括：法国教育部认可唯一在全国推广的儿童多媒体教材；美国少儿英语优秀出版刊物；国际最佳少儿ESL艾迪课程奖；国际少儿最佳科技学习奖；日本多媒体教学课程最高级别奖项目；中国教育部认定为“牛津英语第二课堂”教材。

3. 洪恩系列教材

《洪恩幼儿英语——Hello Teddy》，是中外幼教专家倾力打造的一套多媒体幼儿英语教材。教材结合中国儿童（3～7岁）学习特征，制定了一套科学、实用、严谨的学习内容和教材模式。还有两册小小班教材，难度低、趣味性足，适宜小小班学生上、下学期使用。

这套教材反映了幼儿生活的点点滴滴，以小熊Teddy的成长历程、生活情景为主线，进行主题故事式教学，56种教学主题，内容涉及水果、动物、身体、动作、数字、礼貌用语、食品、颜色、家庭、服装、形状、方位、房间、电器等方方面面；56个卡通故事、56首歌曲及56个TPR歌谣，妙趣横生、旋律优美、富有动感。

洪恩英语教材是多种现代教学理念融合的产物，实用性强，采用TPR教学法、难度分解法和多元智能理论进行教材的编写，以英语语言教学促进幼儿综合智能提高，发掘潜能、开启智慧。

4. 朗文系列教材

《朗文少儿英语》包括预备级、入门级、基础级、巩固级、进阶级、提高级和超越级七大级别，由世界图书出版公司出版，从朗文独家引进。教材面向的是学龄前至初中阶段的英语学习者，结合了新东方一线教师丰富的教学经验，考虑国内儿童英语学习的特点，实用性较强。其特点如下。

强调“学练”结合，内容新颖时尚。教材突出学生主体地位，注重听、说、读、写基本功的综合式练习，让学生在大量的练习中了解英语知识，掌握英语技能，提高综合素养。

展示多元文化，强调情感教育。教材每个单元的Little Book会讲述一个故事，以增加阅读量，了解更多国家的文化。在课程设置中，每个单元融入情感教育，让学生在学习中潜移默化地受到人文素养的熏陶。

融合多种学科，注重智力发展。教材将语言学习与自然科学、社会科学及文学、数学、音乐、体育等多种学科有机地融合在一起，让学生在学习语言知识的过程中，了解更多其他学科知识，拓宽了知识面，有利于锻炼思维能力，促进智力的全面发展。

培养学习策略。教材旨在帮助孩子们培养良好的学习习惯，引导他们制定科学的学习策略，做学习的主人，在学习中收获成功和乐趣。

5. 英华兰系列教材

《英华兰魔法英语》是一款面向低龄儿童开展英语教学的启蒙课件，着重锻炼学生的听说能力，充分考虑儿童身心特点，采用游戏式的金币、等级、装备等奖励机制，具有智能语音识别和纠正功能，有助于锻炼学生的口语能力。课程将学习内容嵌入魔法冒险故事当中，对孩子有较强的吸引力，在英语启蒙、培养语感方面有积极作用。教材特点如下。

语言是一门工具性知识，仅作为一项知识加以学习是不够的，还需要将其内化于心，并成为身体的一部分，进而锻炼语感，为后续更加复杂知识点的学习打好基础。另外，《英华兰魔法英语》中有大量口语练习、有纯正自然的发音，这对学生口语能力的培养大有裨益，帮助孩子树立自信。从教学策略角度看，教材强调由浅入深、循序渐进，让学生在系统的语言学习中培养语感，提升语言的实际应用能力，并激发英语学习兴趣，培养良好的学习习惯，全面发展英语能力。

除了上述少儿英语教材之外，还有不少优秀的教材，如《新概念英语青少版》《迪士尼神奇英语》等。

三、少儿英语教育原则

少儿英语教学不能简单地看作一门语言教学。由于教学面向的主要是 5 ～ 12 岁的少年儿童，因此，在开展教学活动过程中，需要充分考虑儿童的认知能力和语言发展水平等要素。

从少儿成长研究和少儿第一、第二语言发展研究中可知，少儿的成长成才存在一定的规律和一些关键因素。因此，在开展少儿英语教学的过程中，需要遵循一定的教育规律和原则。

（一）从少儿具备的各种能力入手

事实上，人们在很小的时候就或多或少发展了一些能力，只不过容易被忽视或低估。在牙牙学语阶段，幼儿便有了一定的生活经验，有自己的世界，倾向于按自己的方式理解周边事物，且基本习得了一门语言。此时的他们学习积极性较高。少儿认知发展水平，不仅取决于年龄，也受到支持并激发这种发展的外界刺激的影响。若孩子的潜能和已有能力被忽视，被认为“什么也不懂”时，一定程度上影响了少儿英语教学效果。原因在于，任务和活动的设计多从成年人视角出现，未能反映孩子的内心世界，考虑到孩子的身心特点，这样一来，孩子们就不愿意接近这些任务和活动。因此，少儿英语教师需要主动了解儿童的内心，走入他们的世界，根据他们的身心特点和认知水平设计教学任务和目标，提高教学的科学性和针对性。

根据加德纳的“多元智能理论”，人的智力包括语言、数学逻辑、视觉 / 空间、音乐、身体运动、人际和自我智力，这些智力是各自独立又相互交叉的关系。有基于此，在设计少儿英语教学活动时，应当充分考虑孩子们的智力优势，帮助他们发展自己的长处，补足短板，让每一个孩子都有机会参与进来。除此之外，少儿英语教学教材和辅助材料要求在视觉、听觉和动觉上达成平衡，让具备不同优点的孩子们都有机会展示自己，培养学习信心。

由于少儿的心智尚不完善，加上认知水平有限，无法认识到语言是一个系统。对此，少儿英语课堂教学可以通过话题形成目标语言的语言环境，设计的话题要富有趣味、意义和可参与性，更重要的一点在于，必须符合孩子们的认知经验和思维能力。

（二）鼓励交际互动

学习过程，实际上也是一个交互过程。著名儿童心理学家皮亚杰认为，孩子自身的成长成才速度，与所接受的社会互动的数量和质量有密切的关系。最近发展区理论也强调了高质量互动的重要性，成人引导下的互动或与优秀同龄人的互动对自身发展有积极的意义。布鲁纳在最近发展区理论的基础上提出脚手架理论，强调孩子新知识的学习离不开他人的引导和帮助。系统功能语言学创始人韩礼德也认为，“母语以及第二和第三语言的学习是一个认知过程，也是一个互动过程，表现为自我与他人的持续交流”。

交际语言教学法以理解和传递信息为核心思想，认为其在某种程度上甚至超过语言的准确性。因此，在少儿英语教学过程中，教师应当积极与学生进行互动，并鼓励学生之间的友好交流。

（三）对意义的理解和商讨以及协作谈话

语言的意义并非一成不变，不同的语境、语气都会使其发生相应的变化。在与他人的交流过程中，我们不断对语言意义进行理解和更新。在最近发展区理论提出者维果茨基看来，孩子获得的母语的概念和意义原因在于其所属的文化，语言意义的差别源于文化背景的差异。在威尔斯看来，协作谈话有助于让孩子更清楚地了解语言的意义，并形成一致理解。费舍也强调人思维发展中谈话的重要作用，概念与维果茨基的"将思维转化为语言的过程对刺激全面发展十分重要"不谋而合。想要实现知识结构的不断更新，唯有通过诸如观察、倾听、使用参考资料等提供的知识与自身语言理解。

对发音的意义进行商讨与合作，是贴近现实生活的表现，具有真实性。在这个过程中，孩子们通过沟通进行协作，一同解决实际出现的问题，并形成一致的理解。诚然，对于孩子们而言，思考是必不可少的，协作也不能是盲从的，唯有赋予其真实客观性，以激发参与者的谈话热情，营造良好的教学氛围，确保教学质量。

（四）让孩子成为积极参与者

学习的过程，也是一个认知不断发展的过程。孩子不应该作为被迫灌满的"空罐子"，而应当积极主动参与语言和思维的探索。孩子这些能力，都是建构大厦的基石。巴尔内斯认为，想要达成目标，我们就需要主动了解周边的事物，构建属于自身的世界体系。在费舍看来，活动需要以培养学生解决实际问题为目的，并让自我积极参与到语言意义和答案的探索中。

从认知的角度看，积极参与学习过程的孩子们会面临各种挑战和风险，这对激发孩子学习动力、培养孩子的独立自主性和促进孩子身心健康有重要意义。但挑战的难度不宜过大，要求适中，且需要有教师的适当指导或同学的协助。最重要的一点，新知识的建构，必须符合最近发展区理论，要求不能过于简单或者远超学生当前的知识水平。

在第二语言的学习过程中，学生积极参与的重要意义不言而喻。树立以任务为中心的教学理念，将学习过程视为"从做中学"的过程，在实践的基础上形成和发展学生的语言系统能力。

（五）对新知识的输入进行定位

克拉申的“输入假说”认为，当新输入知识或信息保持在可理解或接近的程度时，原有的知识水平与输入水平之间的“差异”会刺激学生的语言发展，并将“可理解的输入量”作为影响学习效果的一个关键要素。这与“成人在孩子现有知识层次范围外的适当水平给予指导”的观点在根本上是一致的。

在大部分情形下，成人和孩子学习的语言，多是其现有语言水平层次上的简化的语言，而非更广阔语言环境下的新语言。当语言输入一直停留在与学生知识水平相当的程度上，学生就会感到没有挑战性，以致对学习这门语言失去兴趣，最终影响教学质量。

（六）语言应以完整的形式出现

在传统语言教学中，教师倾向于将语言分割成若干独立单位（结构或语法单位）来教授学生，再由学生将这些碎片拼在一起加以理解，实践证明，这种学习效果并不理想。事实上，孩子的语言学习不应当是这样的过程，需要置身于更广阔的语言环境中，吸收并使用完整的语言，从深层次的潜意识中加深语言结构和语法的理解。路易斯认为外语教学要从“多个词汇构成的语言段或完整语言”入手，锻炼学生使用完整语言的能力。因此，在少儿英语教学过程中，教师应当尽可能以完整的语言形式讲授结构和语法，重视“系统化语言”的作用，全面发展学生的语言能力。

从国内语言教学现状来看，大部分学生在课堂教学接触和习练的语言局限在“已经消化”的句子层面，这种简化学习的过程并不可取。教师应当注重将结构化学习路径具体化，为学生提供一个更加广阔、复杂的语言环境，让无论何种学习风格、能力和语言基础的学生都能适应这一学习方式。对此，外语教师可以尝试故事、歌曲、短剧等形式，将孩子置身于可理解和富有现实意义的语言环境下，去理解语言结构和语法。

（七）设计富有实际意义、目标明确的活动

在学习母语的过程中，少儿并不需要选择语言环境，这是因为使用母语是日常生活的一部分，他们基于现有的知识基础理解新的语言现象，通过已知建构未知，在不断调整自身思维方式的基础上，实现新知识的吸收和同化。同理，在外语教学

中，教师应当为孩子们设计一个让他们感到清晰和熟悉的语言环境，制定有实际意义、明确的教学活动，让他们理解语言学习的意义和价值。这就需要教师在日常教学中仔细观察学生，了解学生的兴趣爱好和知识水平，为他们设计一个最适合的话题和学习任务。

（八）帮助孩子培养独立自主的学习能力

正所谓“师父领进门，修行在个人”。在少儿阶段，孩子对教师有依赖感很正常。然而，为了培养学生学习新语言的积极性和发展其思维能力，教师需要精心设计课堂活动来锻炼孩子的独立自主学习能力，让孩子们主动发现问题、探索问题和解决问题。在这个过程中，教师可以适当进行指导。具体方法有，进行阶段性小组活动，让孩子们自己查阅词典和相关参考资料。

（九）创造轻松、愉悦的学习环境

长期的教学实践表明，在愉悦学习环境下的学习效率要高于沉闷、压抑的学习环境。对于小学生来说，安全感和能进行愉快学习是很重要的，因此教师可以从以下方面入手，为学生创造一个轻松、愉快的课堂氛围：对全体学生一视同仁；支持挑战性活动和冒险；结合学生生活，设计有趣的话题；多鼓励和表扬学生；纪律严明且公正。在这样的学习环境下，不仅有助于学生学习新的知识和技能，还会懂得一些为人处世的道理。

（十）测试与学习方式保持一致

在教学活动中，教学评价是其中一个重要的组成部分，而教学测试又是教学评价的关键，它反映了学生这一段时间以来的学习成果和进步程度。因此，如何设计测试显得尤为重要。在少儿英语教学课堂中，测试应当与学习方式保持一致，需要贯穿语言学习材料的规划和开发的全过程。同时，测试还需要反映其他教学原则，这实际上也是一种补充和完善。

值得注意的是，少儿英语教学并不只是简单地提高学生的英语专业素养，更重要的是培养一个综合且有着健全人格的人，这是少儿英语教学的出发点和落脚点。

第二节　少儿英语课程与教学

一、课程与教学

（一）少儿英语课程概念

少儿英语课程，指学生通过一系列英语学习和实践活动，在教师有计划、有目的、有组织的指导下逐渐掌握一定的英语知识和技能，发展语言实际应用能力、磨炼意志、净化心灵、增长见识和阅历、增加社会经验、锻炼思维能力、发展个性和提升人文素养的过程。开设少儿英语课程的目的，在于帮助学生激发英语学习兴趣，增强学习信心，养成良好学习习惯和学习方式，提高自主学习能力和合作意识；让学生掌握一定的英语基础知识和听、说、读、写技能，发展综合语言应用能力；培养学生想象能力和创新精神；让学生了解东西方文化差异、开阔视野，培养爱国主义精神，树立正确的世界观、人生观和价值观，为终身学习奠定坚实的基础。

（二）少儿英语教学概念

在少儿英语教学过程中，需要结合少儿学习特点，创建以活动课为主的教学模式；以培养学生语言交流能力为重点；充分利用各种教学资源，通过听、做、说、唱、玩等形式吸引学生参与、敢于表达，注重培养少儿英语语感和听、说、唱、演的能力。

由此可见，少儿英语教学指英语教师结合少儿英语教育特征，综合采用各种教学手段，在以学生为主体、活动为主线、以任务为本的教学原则下，通过创设听、做、说、唱、玩、演等教学情境，培养孩子初步读、写能力，发展其语言知识技能、情感态度、学习策略和文化意识的综合语言运用能力的过程，是培养一个健全的人的过程。

（三）“课程”与“教学”的关系

关于课程与教学之间的关系，学界争论从未停止，主流的观点有分离说、包容说、目的—手段说。

1. 分离说

分离说认为课程与教学相互独立、互不交叉。布鲁纳提出“将课程和教学看作分离的实体”。蔡斯也强调课程与教学的分离研究，认为课程是一个广义概念，而教学则是一个特殊现象或亚系统，从这个意义来看，教学是课程的延续。坦纳夫妇认为，“在当代课程论中，课程与教学是两个独立的领域”。简言之，课程与教学各自在不发生重大影响的情况下，自行发生变化。

2. 包容说

包容说包括“大教学说”和“大课程说”两类观点。第一类，教学处于上位概念，包含了课程，有着将课程等同于教学内容的趋向，即课程是学校教育科目及各科教材。如此一来，课程则成为教学理论的一个基本要素。第二类，课程处于上位概念，课程的内涵和外延相对扩大。在美国现代课程理论奠基人泰勒看来，教学是课程理论的组成部分。

3. “目的—手段”说

“目的—手段”说认为，课程是目的，教学是手段，或者课程与教学都是手段，但课程为主，教学为辅，教学因课程而产生。课程是在一定目的下设计的教学科目结构和进程，决定教学内容，关注学生学习范围和进程；教学是实现课程目标的手段，规范着学校教育措施的落实，关注教师的授予与辅导、学生的学习与活动。因此，课程与教学是相互独立、相互作用的两个系统，具体表现为：一方面，课程是教学的依据，课程对教学有制约作用，是确保教学有序进行的保障；另一方面，教学是达成课程目标的途径，影响、反作用于课程，课程因为教学才有意义。

二、课程类型与课程结构

课程类型与课程结构涉及课程内容实际组织形式。在实际课程中，课程类型和结构反映了课程内容。其中，课程类型指微观、具体的课程种类或方式，课程结构含义相对更广，不仅包括横向上不同课程类型的组织安排，也涵盖纵向同一内容的不同深度。

（一）课程类型

1. 分科课程与综合课程

根据知识体系组织方式，课程分为分科课程与综合课程。分科课程，指以学科为中心编订的课程，目的是让学生掌握逻辑严密和条理清晰的文化知识；综合课程，将若干有关学科合并起来编订的课程，通过整合有关学科，发展学生认知水平，锻炼学生发现问题和解决问题的能力。

2. 学科课程与活动课程

根据课程组织重心，课程分为学科课程与活动课程。学科课程，强调以知识为重心，组织课程于教学，而活动课程强调以学习为兴趣，能力为重心组织课程。在传统的教学实践中，二者被视为对立关系，导致极端情形的出现。随着教育改革的深入，越来越多的国家将学科教学、课堂学习与学生体验和活动结合起来。在这样的背景下，新课程改革便开设了一门整合学科课程与活动课程的新学科——综合实践活动课。

3. 必修课程与选修课程

根据课程设置与管理需要，课程分为必修课程与选修课程。必修课程是培养和发展学生共性的需要；选修课程则是满足学生兴趣、爱好和个性发展的需要。二者并无主次之分，具有等价性。现如今，世界各国课程改革都在充实和完善选修制度。

4. 国家课程、地方课程与校本课程

根据课程设计、开发和管理主体的不同，课程分为国家课程、地方课程与校本课程。国家课程体现的是国家教育意志、方针和政策；地方课程旨在满足地方社会发展的现实需要；校本课程则体现的是学校的办学宗旨和特色。三者是相辅相成、互为补充的关系，在课程结构中扮演着重要的角色，在课程设置方案中各有一定的课时比例，并通过具体科目、门类落实到学校教学活动当中，发挥各地独特的育人作用。各高校在国家课程指导下，充分开发地方课程和校本课程，具体比例应当结合校情和学生实际来决定。

5. 显性课程与隐性课程

根据课程地位、作用及呈现方式，课程分为显性课程与隐性课程。二者的区别在于，前者是课程表中直接列出的课程，后者则是在课程表上看不到的课程，指一切有利于学生发展的教学资源，包括学校物质环境、校园文化、学校组织制度、家庭社会等。

6. 核心课程与外围课程

核心课程反对将各学科进行切分，要求在若干科目中选择若干重要学科进行合并，形成一个范围更广、涵盖内容更丰富的科目，要求所有学生修读，且让其他学科与之配合。要注意的是，核心课程与中心课程有本质的区别，后者只从学生兴趣、需要出发，而核心课程则强调社会需求，以生活为中心。

外围课程，指核心课程外的课程，旨在满足不同学习对象的个性化学习需要。它强调尊重学生的个体差异性，并不如核心课程那般稳定，会随着环境条件、年代的差异而进行相应调整。核心课程与外围课程之间的关系，好比一般与特殊、抽象与具体的关系。

（二）课程结构

课程结构，指课程内各部分之间合乎规律的组织形式，包括两方面内容：一是从广义的角度看课程内组成部分及其相互关系的处理；二是单独的课程领域，如学科或活动组成部分及其关系的处理。在教学活动中，课程结构起到骨架作用，规定了组成课程体系的学科门类和各学科内容比例关系、必修课与选修课、分科课程与综合课程的搭配，反映了一定的课程理念和课程设置的价值取向，对课程教学有重要指导意义。

从本质上看，课程结构的调整，指重新认识和确立各课程类型及具体科目在学校课程体系中的价值、地位和相互关系。结合我国基础教育课程结构的问题和新时期教育发展承担的目标和任务，进行课程结构调整是必然的，简言之，就是要扭转我国教学长期存在的课程类型单一、科目比重失衡的问题，进而实现学校课程类型多样化、学科比重均衡化。

在传统的基础教育结构中，学科课程、分科课程、必修课程、国家课程牢牢占据主导地位，综合课程、活动课程和选修课程被忽视，地方课程、校本课程未得到充分开发和利用。学校课程各具体科目比重失衡，语文、数学等学科占比过高，挤占了其他学科时间，这种课程设置对学生全面发展是不利的。

对此，我国在基础教育课程改革中，对课程类型和课程结构进行了调整，具体表现在以下三方面：其一，以往课程结构过分强调学科本位、科目过多和缺乏整合的现状得到改善，多样化的课程类型结构被确立，学校课程计划以“综合型”“分科型”方式呈现，建立起以综合课程为主和以分科课程为主的两种课程体系。在

“综合型”课程计划中，原来的物理、化学和生物被整合为科学，历史、地理被整合为历史与社会，美术、音乐被整合为艺术，这些科目都属于综合课程范畴。而像品德与生活、综合实践活动这类综合课程在“综合型”和“分科型”课程计划中都占有一席之地。

其二，适当降低国家课程在校本课程体系中所占的比重，将 10% ～ 12% 的课时量给予了地方课程和校本课程的开发与实施，逐渐构建起国家课程、地方课程和校本课程三级课程并行的类型结构；适当减少必修课程的比重，增加选修课程的比重。

其三，构建均衡的科目结构。新课程计划分别将语文所占的比重由原来的 24% 降至 20% ～ 22%，将数学由原来的 16% 降至 13% ～ 15%，还对其他传统优势科目所占的比重进行适当下调。下调后积累下来的课时量分配给综合实践活动、地方与校本课程。外语课的开设时间由原来的初中一年级提前至小学三年级，外语的课时总量显著增多，学生的整体外语水平有明显提升。

三、少儿英语课程设置

课程集中反映了培养目标，也是培养高素质人才的根本途径。因此，少儿英语课程的设置，必须把握课程本质、目标、所涵盖的内容及其之间的内在联系，以确保英语课程效果。

（一）少儿英语课程设置一般原则

1. 发展性原则

发展性原则，指少儿英语课程设置旨在为学生未来的生存和发展奠定基础，让学生保持发展后劲，激发学生的创造力和想象力，锻炼学生的思维能力，鼓励学生去发现问题，敢于质疑，并将这种学习态度贯穿其一生，充分发挥英语教学的全面育人功能。

2. 整体性原则

英语课程设置，要求建立在中小学课程设计基础上，以便发挥课程设置的整合优势。如果只是孤立地研究单科课程，是无法打破传统单一以学科课程为主的教学模式的，也无法纠正知识灌输式的教学形式，甚至会加大学生学业负担，打击学生学习兴趣。新课程要求发展学生的知识技能、观念态度和综合能力，所以，在自然科学和人文科学教学中，可以融入英语课程，发挥学科之间的渗透性、融合性，提高教学质量。

3. 多元性原则

学校在执行国家课程标准的过程中，也应结合自身办学宗旨和特色设置地方课程和校本课程，实现课程多元化。开展多元的外语课程，有利于充分发挥学生潜力，加快素质教育。

具体来说，就需要设置相应的必修课程与选修课程，根据大纲基本要求设立的课程为必修，超过基本要求的课程则由学生选修。除此之外，也可以根据学生泛读、听力、翻译等方面的特长设置相应选修课；给学习能力较强的学生提出更高的要求，制定难度更高的学习任务；开设丰富的活动课，如英语会话、歌咏比赛等，实现学生的全面发展。

4. 灵活性原则

少儿英语课程设置应当坚持灵活性原则，这也是一个动态的开放式过程。现代教育观、学习观主张"学会学习"，因此，大纲的编制和课程设置，应当以学生为主体，结合学生身心特点，围绕学生学习个性化、多元化需要，为深入推动外语教学改革做铺垫。我国当前的英语教学存在地区不平衡的现象，经济相对发达的地区在小学一年级便开设了英语课，而经济欠发达地区在小学三年级甚至初中才开设英语课，这就导致中小学英语教学存在内容重复、衔接不合理等问题，缺乏灵活性，使得英语课程设置显得随意，难以体现出课程设置的科学性、时代性和适应性。

（二）少儿英语课程设置基本要求

1. 符合英语教学特点和规律

少儿英语课程设置，应当结合英语教学主体、教学客体和教学环境特点加以设置，遵循英语教学客观规律。其中，教学主体是讲授英语的教师和学习英语的学习；教学客体指英语这门语言；教学环境指的是自然学习环境而非目的语环境，对教学活动有一定的制约作用。

2. 符合儿童身心发展规律

小学阶段，学生系统学习有关知识、技能，接受正规学校教育。这一时期的学生活泼好动、易疲劳，注意力难以长时间集中，好奇心重、兴趣广泛。因此，少儿英语课程设置必须符合儿童身心发展特点和认知水平，让学生成为课堂的积极参与者。“玩”是儿童生活的一部分，“游戏”是儿童获取知识和技能的重要途径，因此，少儿英语教学需要坚持趣味性原则，采用丰富的活动形式开展相应的教学活动，并明确活动目标和任务，调动学生学习英语的兴趣，鼓励学生大胆发言，锻炼学生的思维能力和英语语感。与此同时，要及时引导，教授科学的学习方法和策略，不断提升学生英语综合运用能力。

3. 体现创新精神

少儿英语课程要培养学生自主创新精神，激发学生想象力和创造力，对于学生天马行空的思维要善于引导。因此，在设计课程计划过程中，应当明确培养学生创新精神和个性的目标。

4. 突出实践性

少儿英语课程设置应当以学生为中心，强调实践性，构建相应的方法论体系，做到“教、学、做”相结合，提高学生学以致用的能力。在实际教学中，给予学生一定的空间，由学生自行设计、亲自体验并进行自我评价。

第二章　少儿英语基础知识教学

第一节　少儿英语语音教学

音、形、义是一门语言的基本组成成分，三者在语言学习中缺一不可。语音是语言表达最直接的表现形式，通过语音的学习和掌握，我们可以快速实现语言沟通和交流。有相关语言教学标准指明：语音教学是语言教学的重要内容之一，自然、规范的语音语调将为有效的口语交际打下良好的基础。

著名语言学家赵元任说过，学习外国语的内容分成发音、语法和词汇三个重要的部分。学习次序当然也应该照这样按步进行。发音部分最难也最要紧，因为语言本身、语言的质地就是发音，发音不对，语法就不对，词汇也不对。对多数中国学生而言，英语是一门较为陌生且具挑战性的学科，在语言学习上不能快速吸收和理解。英语属于印欧语系，而汉语属于汉藏语系，二者在根本上并不存在一定的相似和联系，尤其是二者在发音上的差距。

学习和掌握英语发音关键在于发音习惯的改正，逐渐适应英语发音习惯，同时还要进行反复的练习和训练。

有相关研究表明，语言学习一定程度上与学习者年龄存在关联性，少儿英语学习与成人英语学习相比，少儿更能在语言学习中快速吸收知识点并形成深刻记忆，在语言学习上占据先天优势，成人已经受到了较长时间的母语环境影响，在语言发音上已经形成了习惯，而少儿正处于语言学习的黄金阶段，因此做好少儿语言教学是重点。

教师要针对不同学生的学习情况，进行针对化训练，借助多媒体教学工具向学生展示直观性语音知识应用，鼓励学生模仿练习，采用循序渐进的教学方法指导学生熟悉和掌握基础语音知识，通过语音教学使学生能清晰流利地进行社交沟通，为口语交际打下良好的基础。

一、少儿英语教学的目标和原则

（一）少儿英语语音教学的目标要求

（1）“正确读出 26 个英文字母” 就是对 26 个英文字母不仅要做到认识还要做到发音熟悉。

（2）“了解简单的拼读规律” 指导小学生分辨单词的发音诀窍，包括开音节和闭音节，掌握元音字母发音练习，找到各个字母发音规律。

（3）“了解单词有重音，句子有重读” 理解重音发音所表达的意思。

（4）“了解英语语音包括连续、节奏、停顿、语调等现象” 在掌握基本发音前提下，尝试与他人沟通，建立语音发音自信心，改正错误发音。

（二）少儿英语语音教学的基本原则

少儿学习语言具备先天优势，再加上他们还没有完全形成语言习惯，因此要把握少儿语言运用的关键时期。少儿英语教师应增强英语发音练习，为少儿语音学习提供丰富性和趣味性的教学环境，激发少儿英语学习兴趣，积极发挥潜能优势，从而达到教学目标和要求。

1. 示范原则

少儿掌握语音学习的第一步就是通过教师发音在听觉上对单词形成基础认知，教学示范可以帮助学生建立知识理论基本框架，在英语语音教学中，示范原则是重要原则之一，对教学活动具有深刻意义。学生只有在示范中吸取规律和方法，从而进行下一步的模仿练习。

语音教学示范有两种来源途径：一种是录音，一种是教师示范。其中录音主要是借助教材匹配的原文录音材料进行试听，录音材料固定储存于录音带中，少儿可以借助录音带进行重复、即时的语音练习；而教师示范主要是教师在课堂中对课文进行发音示范，大部分情况下，少儿接受的示范练习主要来自教师示范，教师示范更加直观、清晰。所以为了提升示范教学质量，教师应该在示范中确保自身发音的准确性和规范性，为学生做出标准化示范。

在做示范性教学时，教师要找准自我定位，教师既是整个课堂氛围的塑造者，也是语音示范的表演者。

2. 模仿原则

学生对语言知识掌握最关键的一步就是模仿，模仿也是语音学习的开端，教师要鼓励学生模仿练习，并为学生模仿练习创造积极、活跃的教学环境，以此激发学生语音模仿的热情，培养良好的语音发音习惯。模仿的过程可以分为以下三方面内容。

（1）让学生听音以形成听觉表象。第一次语音示范为学生提供清晰、准确的发音，使学生在听觉上形成发音记忆。

（2）鼓励学生大胆模仿示范语音。及时指正学生的错误发音。

（3）提供大量的模仿练习机会。为激发学生语音练习积极性，教师可以在教学形式上进行创新，借助多样化的形式引导学生模仿练习，并鼓励学生大胆练习。

3. 系统性原则

语音不只是学习字母、字母组合的单独发音，它还关联着重音、停顿、连续、失去爆破、节奏、语调等。

大多数情况下，中国学生在语言交际方面有所欠缺，不能与他人形成轻松、流畅的沟通氛围，但在基础读写方面又不存在一定困难，造成这一普遍现象的主要原因在于学生在进行语音学习时，没有完全对字母发音各个环节形成理解，而是孤立学习单词读音。所以语音学习要掌握整体流程，注重语义与语境、语调与语流相结合。在真实的语言交际中，重音与语调对表达意义的作用甚至大于单词的读音本身。如：

A.Tom’s mother is in Beijing now.（It is Tom’s mother, and not anyone else’s mother.）

B.Tom’s mother is in Beijing now.（It is Tom’s mother, and not his father or sister.）

C.Tom’s mother is in Beijing now.（She is in Beijing, and not in other cities.）

D.Tom’s mother is in Beijing now.（She is there right now.）

在上述同一句子中，说话者的重音位置不同，所表达的含义不同。另一方面，回答者的语调不同，所表达的含义不同。如：

A：May I have some tomato soup, please?

B：Sorry. ↗↘（No. We don’t have it.）

B：Sorry? ↘↗（What did you say?）

语言教学要注重全面化和整体化，语言发音练习强调从重音、语调、连续、失去爆破、弱读、同化出发进行针对性训练，通过语音示范和模仿增强英语语感。语感的培养是一个积累性过程，只有掌握了大量的语音知识后才能迅速形成反应意识。

4. 关注拼读的原则

英语学习采取读写训练可以进一步加深记忆，提升学习效率，同时还能增强读写效果的双重进步。语音教学练习中，教师可以根据学生学习能力进行针对性练习，让学生掌握拼读规律，结合反复模仿理清读音发音特征。

（1）元音字母 a, e, i, o, u 在开音节和闭音节中的读音不同，如 a（face, bag）, e（he, hen）, i（bike, big）, o（no, not）, u（pupil, cup）。

（2）常见的元音字母组合的读音，如 ar（car）, oa（coat）, ee（bee）, ea（tea）, eer（deer）, ear（tear）, ou（house）, air（hair）。

（3）常见的辅音字母组合的读音，如 ch（chair）, sh（sheep）, ck（clock）, ll（small）, ss（classroom）, ff（off）, th（thin, that）。

（4）辅音连缀的读音，如 bl（blue）, cl（class）, f1（flower）, gl（glass）, sl（slow）, sm（small）, sp（crisp, sport）, st（post, star）, sk（desk, skate）, br（bread）, dr（dress）。

学生熟练掌握了语音学习后，又会进一步加强练习，在语音积累过程中掌握发音和读写技巧，由此在新一轮学习中就可以发挥技巧规律，快速学习和吸收新单词。这也促进了学生阅读能力的提升。

所以教师在进行语音教学时，不单单是介绍语音发音规律，而是反复地将单词放入实际情境进行举例，并注意发音标准练习。以元音字母在开音节和闭音节中的读音不同为例，在教师示范和学生模仿之后，提醒学生注意元音字母 a 在“_a_e”的单词中发音为其字母读音 /ei/，而在“_a_”的单词中常发 /æ/。少儿英语教学要契合他们的年龄段和学习能力等因素，多举实证，少做抽象解读，让学生在英语学习过程中享受乐趣。

5. 协调原则

（1）语音教学既是基础性训练，也是贯穿整个英语学习过程的训练，在英语教学系统中，语音、词汇、语法是三个联系紧密的概念，学生英语掌握程度也是在这三个概念考查中得出的综合评估结果。在语音教学课时中，教师学习材料主要针对强化语音训练，但通常情况下，教师可以协调语音、词汇、语法穿插训练，有助于达到更好的英语学习效果。

（2）语音练习要结合学生实际情况，考查多方面因素后才能做出专项教学安排，教师需要考查的因素有以下 3 点。

第一，年龄。教师要抓住少儿语音学习的黄金阶段，少儿没有过多受到母语影响，也正是语音塑造最佳年龄段，因此要尽量为年龄较小的学生安排英语语音学习课程。

第二，口音。口音是影响英语语音练习的因素之一，教师要针对学生口音进行纠正练习，确保学生发音的准确性。

第三，环境。为培养学生英语学习积极性，教师应尽量为学生创造丰富、活跃的英语课堂氛围。

（3）要协调好教学材料呈现的不同口音。英语也存在一定的口音，不同国家都有不同的发音特征，当教师开展英语教学时，一般都会采用普遍认可的发音标准，这样才有助于更好地学习和管理，学生也才能培养统一性的发音习惯。

通常情况下，英语教材会匹配相应的教学内容光盘和录音带，教师可以根据提供的录音带和光盘进行练习，熟悉教材发音，模仿口音练习，做好扎实的课前准备工作，同时鼓励学生利用录音带进行发音练习，了解各个不同英语口音发音的特征。

二、少儿英语语音教学的内容、方法与活动示例

（一）少儿英语语音教学内容

1. 字母的发音

开展英语学习的首要前提就是学生能熟悉 26 个字母的发音，通常学生在接受英语教学之前都受到母语不同程度的影响，所以少儿英语语音教学越早开展其效果就越好，教师可以适当考查学生在接受语音教学时的效果反馈，查漏补缺，做出有针对性的教学安排，尤其是为学生理清英语字母和汉语拼音之间存在的区别。一般来讲，低年级的学生还不能完全对这一区别形成认知，因此语音教学不宜急于

求成。

2. 简单的拼读规律

拼读规律包括元音字母在开音节和闭音节中的基本读音、常见的元音字母组合在重读音节中的读音、常见的辅音字母组合的基本读音、辅音连缀的读音、成节音[①]的读音。学生熟练了拼读规律后就可以快速分辨单词是开音节还是闭音节，找准单词中元音字母 a, e, i, o, u 读音，熟悉读音特征。

3. 单词重音

英语的双音节及多音节单词中，有一个音节的读音重于其他音节，这就是单词重音，又叫重读音节，其他音节叫作非重读音节或轻读音节。单音节词没有重音。双音节词的重音一般在第一个音节上，如 apple, doctor；但如果双音节词是由前缀构成的，重音在第二音节，如 begin, enjoy。多音节单词的重音一般在倒数第三个音节上，如 family, favourite；如果倒数第二个音节的音较长，重音就在该音节上，如 banana。合成词的重音一般在第一音节，如 schoolbag。以上重音发音规律不包括所有的英语单词发音，重音练习应该鼓励学生进行实际操作，学生只有在实际情境演练中才能对这一规律概念形成理解。

4. 句子重读

英语单词在句子中的基本重读规则是实词重读，虚词弱读。实词即有实际意义的词，如名词、动词、形容词、副词及否定助动词。虚词即为帮助实现语法结构的词，如代词、冠词、介词、连词、助动词。如下所示：

What do we have for breakfast, Mum?

We have eggs and noodles.

There is a beautiful park near my school.

I'like that dress, but Kitty doesn't.

在真实语言交际中，说话者可根据表达意思不同选择重读其他单词。

Are you going to read a story for us?

No.We are going to read it together.

教师可以借助各种游戏活动让学生对英语重音发音特征形成理解和认知，可以

① 成节音，语音学范畴，是指某些辅音可与其他的辅音构成音节。

使用重音表达自己的想法。

5. 连读

连读是在同一个意群之中发生的读音现象。如果相邻的两个单词中，前一个单词以辅音 r 或 re 结尾，后一个单词以元音或半元音 /j/，/w/ 开头，就要把这两个相邻的读音拼在一起构成一个音节。如下所示：

Look at the picture.

May I have a cup of tea?

Where is my umbrella?

Thank you.

但是，如果两个单词不在同一个意群中，就不可连读。

What are you talking about?

There is an English book on the desk.

在学生掌握了发音要领之后，教师可以根据学生的接受能力适当引入连读的知识。

6. 节奏

重音计时节奏和音节计时节奏是语言节奏的两种基本类型，其中英语和汉语分别是这两种类型的典型代表，在英语重音计时节奏中各个重音之间形成的间隔相等，而汉语音节计时节奏形成的间隔时间相等。这种发音节奏上的区别将对学生英语发音学习产生影响，学生由汉语节奏向英语节奏的过渡是一个不断积累练习的过程。学者戚雨村阐述，英语中的节奏是由“作为语音基本要素的音长、音强、音高等在语言运用中所形成的长短、高低、强弱、轻重的规律性再现构成的”。

所以学生英语语音节奏的掌握可以从单词重音、句子重读、意群分隔、连读、停顿等发音技巧来实现。语音学者们总结出了重音节奏模式，简称重音模式。如下所示：

Sit down.（— — ‾）

Open the door.（↘ __ __）

以上举出的两个例子中，其重音表达具有差异性，第一个例子整句重读，第二个例子首尾重读，教师可以通过这样举例进行读音练习，增强学生重读语感，把握读音规律。在少儿英语读音练习中，可以加入儿歌形式，让少儿跟随儿歌练习发音节奏。有几个重读音节就可以打几个拍子，两拍之间必须把所有非重读音节都读完。如下所示：

Jack is sitting on a rock.

His clock goes tick-tock.

It's six o'clock! It's six o'clock.

Says the chick in the clock.

7. 停顿

在日常交谈中，我们会对一个长句进行划分，这样主要有利于我们清晰地表达出自己的意思，给交谈双方带来便捷，这也就是所谓的停顿。停顿可以将表达内容简洁化，倾听者也能在停顿中分辨不同的意群，从而捕捉表达者所表达的关键信息。意群是在意思上相对完整，在语法上密切联系的语言单位。

如下所示：

Peter and I met Mr.Li, /an English teacher in our school, /on our way to the cinema.

意群与意群之间不一定全都要划分，意群的划分还要考虑表达情境的实际情况，同时要注意相同意群不能停顿，相同意群停顿会为倾听者制造理解上的障碍，混淆表达意思，从而影响表达内容的效果。

少儿英语学习选取的英语句子普遍比较简单，英语句子结构也并不复杂，所以整个句子的意群区分不存在难度。意群划分总体上并不具有严格标准，个人可以根据实际交谈情境和句子内容结构进行划分，学生在初次接触句子的意群划分练习时主要是观察教师在教学朗读停顿规律，然后自身再进行反复练习，久而久之就会形成语感上的习惯。教师可以借助短文和故事教学引导学生练习意群划分。

8. 语调

语言的意义包括词汇意义（lexical meaning）和语调意义（intonation meaning）。前者指用词的意义，后者指说话人的态度或口气。

根据英语语调（intonation）的定义：the rise and fall of the voice in speaking, especially as this affects the meaning of what is being said. 不同的语调所形成的表达意思不同，所以语调在语言表达中具有重要意义。在日常交谈中，我们可以随意根据情境选择所要表达的内容语调，而在英语学习中，掌握语调随意切换的前提条件就是掌握基本的发音语调。只有掌握了基本语调，才能为学生未来的继续学习打好基础。

英语有 4 种基本语调：升调（↗）、降调（↘）、升降调（∧）和降升调（∨），其中前两种是基础，后两种与特定的语境有关，用来表达特定的情绪。少儿阶段主要教前两种基本语调。

（1）升调：常用于一般疑问句。祈使句、感叹句和陈述句也可以用升调。

Are you a student in this school? ↗

Give me an egg, please. ↗

Goodbye! ↗

（2）降调：常用于陈述句、特殊疑问句、祈使句和感叹句。

I am a student in this school. ↘

What are you doing? ↘

Open the door! ↘

Be careful！↘

教师可以结合教学内容让学生了解说话人可以采用不同的语调来表达不同的意思，如下所示：

A：What are we going to do this weekend?

B：See a film. ↘

B：See a film? ↗

第一句回答用降调表示说话者明确表示要去看电影，第二句用升调表示说话者在征询提问者的意见，是否可以去看场电影。上述教学内容中除了 26 个字母的读音之外，其他内容均只要求学生了解，不要求掌握。

在英语教学活动中，教师应该对学生综合能力进行考查，根据反映情况进行针对性训练，指导学生在掌握基础语音知识的前提下找准语音发音特征和规律。在教学中涉及的其他语言知识如失去爆破，教师也应根据教学实际决定是否安排和如何安排教学。

（二）少儿英语语音教学方法

语音学习往往会存在一些理解上的误区，一部分观点认为语音学习在英语学习过程中就能掌握；另一部分观点认为语音学习效果极大程度上与学习者个人因素有关。

在教材编写、课堂教学和学业评价中，应注意把课程标准中的语音项目表所列的具体内容，按照级别、根据需要，融入听与说的语言实践活动中，突出其价值，并具备一定的语音知识对学生学习和理解口头语言，发展口语交际能力是有帮助的。为了与这一要求形成反馈，提升语音教学效果，教师在教学安排上可以适当进行教学方法的创新。

1. 模仿法

模仿是语音教学的基本方法，再加上少儿的模仿能力原本就具备先天优势，所以教师可以设置一个英语情境模仿练习，鼓励学生建立自信，大胆尝试。

当发现学生模仿练习存在偏差时，教师可以辅助学生练习口型、舌位、齿和齿龈、声带和振动等，通过细节来纠正发音。语音练习不局限于课堂上，学生还可以回家后练习。

2. 对比法

在做语音练习时可以适当做出对比分析，考查语音之间是否存在异同点，如清浊音和浊辅音、长元音和短元音。教师可以将语音之间的异同点归类后交给学生理解和掌握，但是具体教学过程还是要以学生个人能力为前提。

语音中往往会有一系列较为相似的发音，这些相似的发音如果没有经过系统化的整理，就很容易让人混淆，教师要加强最小对立体语音练习的使用，如 sit/seat，pig/big 等，这些词只有一个音不同。

除此之外，教师应该还要确保学生在做英语语音练习时不会将汉语拼音混淆进来，理清英语语音与汉语拼音发音之间存在的区别，英汉两种语言中没有完全相同的音，如 i（/ai/）和“爱”。英语发音开口很大，由 /a/ 向 /I/ 滑动，滑动的动作很大。汉语中的“爱”（汉语拼音 ai）滑动很小。

3. 绕口令法

绕口令对学生来说是一个具有新鲜性和趣味性的教学方式，在通过绕口令进行练习时，应为少儿选择难度较小、容易理解的句子，这样才能帮助学生实现发音效果的提升，在实行绕口令的方法之前，应该做好教学预案，结合学生实际情况筛选教材，如下所示：

（1）Bobby Blue blows big blue bubbles.（训练辅音 /b/ 和辅音连缀 /b/）

（2）The big black bug bit the big black bear, but the big black bear bit the big black bug back!（训练辅音 /b/, /k/, /g/, /t/ 和辅音连缀 /bl/）

（3）One-one was a race horse.

Two-two was one too.

One-one won one race.

Two-two won one too.（训练元音 / ^ /, /eɪ /, /u:/, /o：/ 和半元音 /w/）

4. 儿歌歌曲法

相对来讲，尽管语音是英语语言学习的关键，但在日常人际沟通时，语流控制也是不可忽视的一点，在英语和汉语中，一般英语是以重读来控制，而汉语是以声调来控制。在英语教学中，儿歌和歌曲都是两个具备节奏感和韵律性的类型，对学习重音、节奏和语调发挥重要作用。

歌曲：Apple Tree

Apple red.

Apple round.

Apple juicy.

Apple sweet.

Apple, apple, I love you.

Apple sweet, I love to eat.

儿歌：（训练字母 i 的发音、重音和节奏）

I like my bike.

Mike likes his kite.

My bike is nice.

Mike’s kite is high.

儿歌：（训练节奏和语调）

Look at the fire

Fire, fire, fire.

Call the fire station

One, one, nine!

Bring the fire engine.

Engine, engine, engine!

Here are the firemen!

Firemen. Firemen.

5. 交际法

交际法可以帮助学生更好地融入情境练习中，借助虚拟情境增强语音实践效果，也可以通过这种方式使学生得到表达能力的提升，是锻炼语言交际能力的好机会。

I'm waiting for Mr.Green.

（1）A：Who are you waiting for?

B：I'm waiting for Mr.Green.

（2）A：Who is waiting for Mr.Green?

B：I am waiting for Mr.Green.

6. 游戏法

在语音教学中加入游戏，可以较大程度地激发少儿的参与热情和积极性，因为语音教学原本就是一个较为复杂而又枯燥的过程，少儿在长期单一化的语音教学中很容易对其产生排斥心理，从而影响整体教学效果。而游戏恰好能调动他们的积极性。游戏活动类型包括猜词游戏、竞赛游戏、配音游戏、暗示游戏等。

教师可以根据学生在游戏过程中的反应，选择既能提升整体语音能力又能产生积极兴趣的游戏类型。

（三）少儿英语语音教学活动示例

1. 模仿活动

模仿练习是英语学习中最基本同时也是最持久的教学活动，学生在反复模仿过程中可以加深单词和句子发音记忆，形成读音语感。字母和单词的模仿要考查发音是否具有规范性以及句子重音的区分。借助句子、短文和故事时，要观察重读、语调、连读等。

2. 辨音活动

辨音练习可以增强学生语音分辨意识，这一活动在操作形式上具有多样性，如听音选择、听音排序、听音写词等。学生借助教师提供的句子和录音，先听后写或先听后排序，辨音活动除了使学生能形成分辨意识之外，还能锻炼学生的听写能力。如下所示：

（1）man men

（2）it eat

（3）bear hair pair

（4）look like lock now no new clothes close cloth

（5）How is the apple? It's sweet.

（6）Is your pencil green or grey? It's green.

3. 朗读活动

无论是字母、单词、句子还是短文和故事，都离不开朗诵环节，这种朗读形式主要也是语音练习的过程，主要是加深学生语音记忆。朗读活动具体形式各异，既可以是全班一起朗读，也可以是小组朗读。主要结合实际情况进行选择。

4. 吟唱活动

吟唱活动具有较强的节奏特征，少儿可以边吟唱儿歌边进行拍打节奏，教师还可以设置一些任务关卡，让学生在任务中形成合作，增强语音的发音能力和人际沟通能力。

5. 游戏活动

语音教学应多采用一些游戏活动，如下所示：

（1）找一找（I spy）。教师或学生想一个单词，然后告诉全班学生：I spy something that begins with the sound "____"。猜出的学生想下一个单词，继续游戏。这个游戏让学生将单词和发音建立联系。也可以采用小组或对子的分组形式，游戏内容可以变换为：I spy something that ends with the sound "____" 或 I spy something with the sound "____"。

（2）找朋友。给学生分发语音单词卡，让学生找一找含有相同发音的单词，找到的学生就是朋友。学生做这个游戏需要在教室里自由走动。

（3）演双簧。两个学生演双簧，前面的人只做口型，不发声音，由后面的人发声音。这个游戏让学生关注口型的变化。教师需要注意游戏之后要有纠音环节。

6. 角色扮演活动

让学生扮演不同的角色，用恰当的语调表达不同的意思。如下所示：

（1）A：Is Miss Yang in the classroom?

B：No. She's in the office.

（2）A：Who is singing in the hall?

B：Ms. Yang is singing in the hall.

（3）A：What are you doing in the living room?

B：I'm making a paper plane in the living room.

第二节　少儿英语词汇教学

一、少儿英语词汇教学的目标要求和基本原则

（一）少儿英语词汇教学的目标要求

教师的教学活动主要指向如何高效率、高质量地完成少儿英语词汇教学目标，当然，英语词汇教学活动安排具体还要考查学生的实际情况，不能将计划目标强加于学生的学习活动中，要让学生感兴趣、有动力地学习。

首先，学生要学习最基本的单词字母，认识同一个单词的字母之间不需要形成间隔，只有在一个组成句子中各个单词之间才形成间隔，在一个单词中各个字母的顺序排列可以改变整个单词的意思。

其次，词汇教学还要注重音、形、义的统一学习，音、形、义的协调统一才能促进词汇的掌握。

最后，是对小学阶段词汇的数量要求和运用能力要求。以三年级开始开设英语课程的学校为例，小学阶段共计 8 个学期，基本要求是平均每学期学习约 80 个单词和 6 个习惯用语。这个数量是学习要求，不是运用要求。小学阶段要求运用 400 个左右的单词。

（二）少儿英语词汇教学的基本原则

在英语学习中，词汇是强调反复加深记忆的过程，相比语音教学的难度大，词汇记忆需要学生不断学习，只有持久练习才能达到记忆深刻性。

我们接触语言最初的目标是用于社交，因此词汇学习一般也是日常较为实用性的词汇，少儿英语学习也是如此，少儿在掌握基础应用词汇的基础上进行拓展练

习。教师应该根据少儿能力水平对词汇难易程度进行取舍。词汇教学以词汇为教学内容，以单词的词义理解和运用为教学目标。

当然，教师的词汇教学还需遵循一系列原则，这样才能有效提升词汇教学效果。

1. 词块原则[①]

词块与词之间是紧密联系的，词块是词构成的意义单位。词汇固定搭配（如 make the bed）、短语动词（如 get up）、习语（如 as easy as ABC）、句式（如 Would you like to?）、套语（如 See you.）等。词块的学习不是独立的单词学习，教师要注意帮助学生积累词块，加深记忆。

少儿对新单词词汇的记忆大约在 7 个，超过这个限度就会很难形成深刻记忆，但是字母可以变化为组块单位，如音节。教学时尽量以音节为单位帮助学生记忆。如讲授 pencil 时可以将其拆分为 pen-cil，这比 p-e-n-c-i-l 更容易让学生记住。

教合成词时则可以将组块变化为单词。如讲授 schoolbag 时应提醒学生注意这个词由 school 和 bag 构成。教有固定搭配的单词时应该将固定搭配整体呈现。如教 afraid 时，可以直接呈现 afraid of，不必先教 afraid 再教学生加上 of。

2. 复观原则

词汇学习是一个循序渐进的过程，教师不能强求学生在初次接触词汇学习时就能完全掌握它的意思，少儿英语学习讲究技巧和方法，在词汇教学活动中，教师需要注重以下 3 点。

首先，为了提高整体效率，加深学生对词汇的印象，应该尽量让学生快速接触新词汇。

其次，要让学生重复多次进行词汇练习，锻炼学生记忆能力。

最后，增加词汇出现频率，在新的词汇课程中帮助学生回顾已经掌握的词汇知识点。

3. 以旧带新原则

人的记忆有长期和短期之分，在英语词汇学习中，应该注重以旧带新的原则，

① 王玲 . 以“词块理论”为原则的对外汉语教学 [J]. 安徽工业大学学报（社会科学版），2005（04）：68–70.

因为只有重复性的训练才能使学生牢牢掌握知识点。新词和旧词之间交叉融合，学生在融合中找到词汇关联网络，也称为心理词库。如学生已经学习过农场里的动物 duck, pig, sheep, cow, horse 等，在他们学习动物园里的动物时，教师就可以先复习农场里的动物，然后引入新词。

T：（play the song *Old MacDonald had a farm*）Let's sing a song.

Ss：（sing the song）Old MacDonald had a farm.

T：What animals can you see on Mr. MacDonald's farm?

S1：I can see five ducks.

S2：I can see three sheep.

S3：...

T：We can see ducks, sheep, pigs, cows and horses on his farm. Now look at the pictures on the blackboard. What animals can you see in the zoo?

（show pictures of zoo with tigers, bears, elephants, monkeys）

S1：I can see a tiger.

T：（point to the tigers in the picture）Yes, these are tigers.（show the flashcard of the word "tiger"）t-i-g-e-r, tiger.

Ss：T-i-g-e-r, tiger.

T：（point to the tigers in the picture）We can see tigers.

Ss：We can see tigers.

将"农场里的动物"与"动物园里的动物"进行关联融合，找出词汇之间的异同点（如表 2-1 所示）。

表 2–1　农场里的动物和动物园里的动物

Animal	
On the farm	In the zoo
duck /sheep/horse/cow	tiger/elephant/bear/monkey

通过旧词带入新词时，教师除了词汇归类，还可以进行词汇比较、词汇搭配、词汇组合等活动。这些活动都有助于学生更容易地记住新词。如下所示：

词汇比较：学习 duckling 时，比较 duck 和 duckling。

词汇搭配：学习 football, basketball 时，搭配 play football, play basketball。

词汇组合：学习 favourite 时，组合 favourite animal, favourite sport, favourite subject。

4. 语境原则

语境可以帮助学生快速理解单词意思，同时，不同的语境又有着不同的表达，在这种情况下，学生还要学会不断思考不同语境之间的区别，将新旧知识连接起来构成知识体系。

通常情况，语境既可以是图片、视频，也可以是短文和句子。当进行动物园描述时，教师提供的是一个图片或视频，那么学生就能快速捕捉到相关信息。

通过句子和短文创设的语境有利于学生学习词的用法。如教 afraid：

① Little Pig：Here comes a big wolf! I'm afraid!

② Who's afraid of the big bad wolf, big bad wolf, big bad wolf?

在例①中，Here comes a big wolf！交代了新词 afraid 的语境。教师只需要配上表情，学生很容易就能理解 afraid 的含义。

在例②中，通过歌词呈现了 afraid 的用法，学生唱一唱歌就记住了 afraid 后面要加上 of。又如：

Old man：They're my hats!

Monkeys：They're our hats!

Old man：（throw away his hat）I don't like this hat!

Monkeys：（throw away their hats）I don't like this hat!

在这个语境中 my, our 的含义非常容易理解。

在同一语境中更容易呈现相同的话题词汇，这也有利于学生对词汇进行归类。例如，在“水果”这个话题下呈现 apple, banana, orange, pear 等，在“玩具”这个话题下呈现 ball, doll, kite, robot, toy, bear 等。

5. 以运用为目的的原则

语言学习主要目的还是为了帮助我们进行社交活动，为了协调听、说、读、写的能力，学生在实际生活应用中找准单词表达的意思，掌握词汇搭配和运用方法。听、说、读、写实践是教语音、词汇、语法等语言知识的基本途径，也是提高语言知识质量的可靠保证。

（1）听力：在学习水果类词语之后，学生听一段对话，并听到的水果。

（2）口语：在学习水果类词语之后，学生说一说想去水果店买什么。

（3）阅读：在学习水果类词语之后，学生阅读《水果争王》的故事。

（4）写作：在学习水果类词语之后，学生写一写关于水果的谜语。

运用词汇要让学生开动脑筋，做出“决策”（Scott, 2011），如分辨、筛选、匹配、分类、排序等。如学习了表示日常作息的词语 get up, wash my face, have breakfast 之后，让学生根据自己的作息先后顺序排序。

二、少儿英语词汇教学的内容和方法

（一）少儿英语词汇教学的内容

1. 词义

少儿在英语词汇学习上一般比成人更具优势，一方面他们处于语言记忆的关键阶段，对知识的吸收能力较强；另一方面，他们受到母语的干扰影响不大，在新词汇的学习上，容易与母语发音混淆。教师在词汇教学时应该从单词实际意义着手，不能含糊其词，帮助学生理清不同词汇的概念意义。

英语词汇往往会出现一词多义的情况，要做到联系上下文语境进行分析。如 like 既可以表示“喜欢”，也可以表示“像”；picture 既可以指“图片”，也可以指“照片”。又如 make 和 do 都可以表示“做”，但是“做早餐”是 make breakfast，而“做家务”却是 do the housework。

2. 发音

发音练习是词汇学习的重要板块，一般来讲，我们在接触词汇学习时最先需要进行发音练习，这是对词汇产生初期记忆的关键性一步。教师可以指导学生进行反复的发音训练，帮助学生分辨同音异形词和发音相似词。

3. 用法

词汇的用法主要与词汇语境、搭配和语法要求相关联，词汇在不同语境的应用所表达的意思也不同，教师在组织词汇教学时应该将词汇放置恰当的语境中，这样才能有效帮助学生理解词汇。

如 fat 不适合去形容别人的外貌特征，但是可以用于形容某个动物。注重词汇固定搭配的练习，让学生形成词汇的整体印象。如在讲授 make breakfast 和 do the housework 这两个搭配时，教师不必将 make 和 do 拆分出来。强调其汉语意思的相同反而会令学生更加混淆。

词汇的语法要求主要涉及两点：一是词汇本身的语法正确性，如 They can draw very well，而不是 They can draw very good；二是词汇与其他词之间的语法关联，如 I like it very much，而不是 I very much like it。

4. 学习策略

图片分类是少儿词汇学习最简单的策略方法，少儿通过生词图片卡分辨同类词汇或同类语境下的词汇，学生可以在图片分辨时加深词汇记忆，增加词汇储备量。

大多数词汇学习策略需要学生自行探索，学生要结合实际情况进行选择，要找到适合自己的学习策略。

（二）少儿英语词汇教学的方法

1. 直接法

直接法就是拿实物进行举例，在英语词汇教学中，这种直接法可以直观地向学生呈现其表达的意思，让学生在实物中对词汇形成理解，直接法对少儿阶段的英语词汇学习最有效，第一，少儿英语词汇大多数接触的就是实物词汇；第二，这种直接法可以调动他们的感官系统，从而加深理解。

适合采用直接法的词包括水果和饮料、服装、家具、房间、交通工具、表示位置的介词、外形特征、职业、运动、爱好，等等。

T：（play a video of a car and some bikes）What can you see and hear?

S1：I can hear a car.

S2：I can see some bike.

T：（play a video of a train）What can you see and hear now?

S3：火车。

T：Yes.It’s a train. t-r-a-i-n.Train.

Ss：T-r-a-i-n. Train.

2. 全身动作反应法（TPR）

学生依据教师发出的指令而做出相应的指令动作，就是所谓的全身动作反应法。学生在听指令时，要保持高度注意力，这样才能确保不会产生误判，因此也是对学生注意力和反应能力的考验。

适合采用全身动作反应法的词包括：身体部位单词，如 hair, arm, leg；表示动作的词，如 jump, dance; 等等。

T：Touch your arms.

Ss：(touch their arms)

T：Touch your nose.

Ss：(touch their noses)

3. 情境法

词汇与情境之间具有共通性，情境法的运用一般适用于抽象词汇。如形容词、抽象名词、代词。情境可以为学生掌握词汇提供语境支持，在这种情境联系中，更有助于词汇理解。

T：Mary likes looking at butterflies, ants and bees. She likes looking at the leaves in the four seasons. Science is her favourite subject at school.

在教师创设的情境中，Mary 喜欢观察昆虫，还喜欢观察各个季节的树叶，学生不难理解 favourite subject 是“最爱的科目”的意思。

在少儿阶段用故事情境呈现词汇尤其有效。如用故事 *The ugly duckling* 中“丑小鸭看着鸭宝宝们开心地玩耍，独自伤心地走开了”的片段教副词 away：Three yellow ducklings play together. They are happy. The ugly duckling is sad.He swims away.

三只小鸭子快乐地玩耍，丑小鸭觉得很难过，因此他默默地 swims away。学生能够感受到故事语境中丑小鸭的落寞，也就体会了 away 的意思。

4. 归纳法

归纳法就是给学生呈现含有某个词的典型用法的例句，让学生推测它的含义，如下面这位教师在教 interesting。

T：Listen to three sentences：

(1) This storybook is interesting. I like reading it.

(2) A mouse and a cat become good friends. It’s an interesting film.

(3) The cartoon is not interesting at all. I fell asleep on the sofa.

What or who is interesting for you? Work in pairs and tell your partner.

学生猜测 interesting 的意思，并试着说一说自己认为 interesting 的人或事。在学生语言输出的过程中，他们有可能有理解偏差，这时教师需要进行干预和调控，渐渐地引导学生理解词义，在理解的过程中他们也学会了用法。

三、少儿英语词汇教学的活动实例

（一）辨识、筛选活动

辨识活动一方面考查少儿对词汇的掌握程度，另一方面锻炼少儿的分辨和反应能力。学生主要借助录音、短文、图片等形式，将接收到的单词信息储存在大脑，然后再检测学生是否能快速对单词信息做出分辨和筛选。

（二）匹配活动

匹配活动通常情况下以翻牌游戏的形式出现，就是少儿依据教师提供的单词卡片进行单词匹配流程，这类活动能最大限度地激发少儿参与积极性，少儿能在活动中检验自身对知识掌握程度。

（三）哑剧表演活动

哑剧表演活动类似你画我猜的游戏，它能充分调动少儿积极做出全身动作反应，增强活跃性和趣味性，还能锻炼同学之间的默契度，通常物品、动作、感觉、运动的单词类型比较适合哑剧表演活动。

（四）单词接龙活动

单词接龙活动与我们通常参与的成语接龙相似，在英语单词训练中，这类活动有两种应用方式。第一种就是我们在成语接龙时常用的方式，就是第一个人说出一个单词，第二个人的单词就以第一个人的最后一个单词起头。第二种方式是让学生说一个句子，如 Mary goes to the supermarket. She buys some apples. 让下一个学生重复句子但是加一个单词，如 Mary goes to the supermarket. She buys some apples and a schoolbag. 当然，这类形式一定程度上比较考验学生的词汇量，相比有一定的难度，因此比较适合对高年级的少儿展开操作。

（五）小词典

让学生画一画、写一写，做一本小词典。小词典可以按照词的类型，也可以按照字母表顺序编排。这个活动是持续活动，需要教师长期规划，在每次学习新词时要求学生将其加入小词典。

（六）宾果游戏

宾果游戏类似连连看，需要学生和教师形成配合意识，教师提供字母，学生根据教师安排的字母在方框内进行单词连接，组成的单词越多就越能取得最后胜利。

第三节　少儿英语语法教学

一、少儿英语语法教学的目标要求和基本原则

（一）少儿英语语法教学的目标要求

教师和学生需要共同致力于语法教学目的，尤其是教师要切实考查学生的各方面能力因素进行针对性教学训练。分别有两项关于教学目标要求的关键要领：第一就是具体语境中理解语法项目的意义和用法，第二就是在实际运用中体会语法项目的表意功能。这两项关键点也是教师进行语法教学的重点突破内容。

关于理解语法项目的意义和用法主要表达的意思是，教师和学生要对语法教学形成一个共识，那就是语法学习不是单独的学习活动，它要联系实际情况，要将语法放置一个情境中进行分析。语法学习主要讲究它的功能呈现。如下所示：

A：Where is my pencil?

B：It’s under the book.

在上面这个对话中，提问者找不到自己的铅笔因而发问，这是真实的语境。又如下列对话：

A：Where is my pencil?

B：It’s in your hand.

在这个对话中，提问者手拿铅笔提问，明知故问，缺少真实的语境，是机械操练，而非意义操练。

第二就是语法的实际运用。就是考查语法在运用过程中所表达的含义，这也是突出语法功能的一种。

例如，在小故事 *The old man and the monkeys* 中，猴子趁老人打盹的时候拿走了他的帽子，老人醒来发现后和猴子的对话如下：

Old man：They're my hats!

Monkeys：They're our hats!

Old man：(throw away his hat) I don't like this hat!

Monkeys：(throw away their hats) I don't like this hat!

在这个对话中，物主代词 my 和 our 的运用既体现了说话者对物品的占有意识，又体现了猴子学舌，为老人后来拿回帽子做了铺垫。

无论是哪种语法功能体现，都需要教师给予学生不断尝试实践的机会，学生通过实践检验自身语法知识掌握程度，真正参透英语语法的奥义。

(二) 少儿英语语法教学的基本原则

任何一种语言学习都需要学习者分析语言形成的内部规则，只有理清了语言内部规则才能确保在实际应用时不会出现偏差和误解，少儿英语学习强调英语语法学习的部分，也是为了让少儿对英语形成透彻性理解。当然，英语语法学习是一个积累性过程，为确保语法教学活动合理化运行，教师需要从以下 5 项教学原则入手，实现语法教学活动的进步。

1. 简化原则

由于少儿在学习英语初期阶段并没有掌握太多的英语理论知识点，因此教师在进行英语语法教学时应该尽量将知识点简化呈现给少儿，帮助他们快速理解。少儿英语语法可以采用语块的形式，通俗来讲就是套话，语块的教学形式可以提高整体教学效率。例如，在第一次引入 there be 句型时，看下面两位教师的处理方式：

T1：There is a computer room in our school. There are many computers in it.

There is a book on your desk. There are many books on my desk.

T2：There is an egg and two tomatoes on the table.

There are two tomatoes and an egg on the table.

第一位教师对比呈现了 there be 后面加名词单数和名词复数两种情况，通过多次示例让学生知道名词单数前用 is，名词复数前用 are。这样的教法简洁、清楚、有效。

第二位教师呈现了 there be 后面先后接名词单数和复数的两种情况，试图教给学生 there be 句型中的就近原则。这样的教法复杂而难以理解。

2. 隐性原则

在语法教学方法中，常见的两种为显性语法教学和隐性语法教学。这两种方法分别适用于成人语法教学和少儿语法教学，成人语法教学采用显性语法教学，这一教学方法是直接向学习者提供相关理论和规则，少儿语法教学采用隐性语法教学，这一教学方法可以为学习者制造虚拟情境。这两种方法适用人群的评价标准就是学习能力的差异性，教师在进行英语教学时遵循隐性原则，就是帮助少儿将英语语法和语境、语义联系起来，让少儿在练习中逐渐形成反应意识。例如，以下两种呈现 be going to 的方式。

（1）T：be going to 就是表示将要做某事，这里的 be 就是 am, is, are；主语是 I 时用 am，是 he, she, it 或者人名时用 is；是 we, they 或名词复数时用 are。请大家造句：我明天将去看望奶奶。

（2）A：Do you have any plans this weekend?

B：Yes. I'm going to visit my grandma on Saturday.

C：I'm going to see a film.

D：Alice and I are going to fly a kite in the park.

T：What is B going to do this weekend?

Ss：He's going to...

T：Well done! What are you going to do this weekend?

S1, S2, S3：I'm going to...

在第一个例子中，教师讲授语法规则，呈现例句，然后做翻译练习。语法 be going to 的呈现缺少语境。学生必须吃进“规则”，死记硬背。在第二个例子中，教师呈现了几个人讨论周末计划的小对话，对话中多次出现了 be going to 构成的一般将来时。

但是教师没有对语法规则进行讲解，而是针对对话设计问题。学生回答问题的过程既是他们理解语言意义的过程，也是他们学习运用语言的过程。教师随后又针对学生自己的生活提问“What are you going to do this weekend？”这是一个真实的设问，学生的回答也是真实的。

3. 循环复观原则

英语语法学习是一个不断循环的过程，学生只有在反复的训练、检验中才能熟练掌握相关语法知识，这种循环复观原则也贯穿于学习者整个语法学习过程。对于少儿英语语法学习来说，少儿正处于语言吸收的关键阶段，教师应该把握这一学习优势，为少儿英语语法学习创造有利条件，借助循环复观，帮助学生强化知识内容。

例如，在教 This is... 表示“介绍”的功能时，教师在不同的教学课时反复强化这个内容：

课时 1：This is Ton. He is tall.（教学内容：This is...）

课时 2：This is my father...He is a doctor.（教学内容：表示职业的单词）

课时 3：（教学内容：like doing）

T：Who is he?

S：He’s my friend, John. He’s nine. He likes playing football.

T：Can you introduce your friend to your classmates?

S：Look! This is John. He’s my friend. He’s nine. He likes playing football.

在上述 3 个不同教学内容的课时中，教师在课时 1 中引入了 This is...；在课时 2 中讲授表示职业的单词时复现了 This s...；在课时 3 中讲授新语法 like doing 的时候让学生运用 This... 来介绍朋友。

4. 实践原则

语言学习的最终目的是用于人际交往活动，学生在语言实践中能提升语言运用能力，熟练掌握语言技巧。教师应该加强语言实践的组织活动，让学生在语言实践训练中考查自身对知识的理解程度。一般情况下语言训练有两种：一种是机械性训练，一种是意义性训练。

机械性训练，简单来讲就是让学生对语法现象进行循环分析，让学生在循环训练中熟悉语法知识结构，增强记忆力。

意义性训练，一般建立在机械性训练的基础上，就是学生通过语言知识进行实践指导。如以下案例中，教师在呈现现在进行时之后，先让学生做替换练习，接着让学生做游戏。

T：Look at the picture on the blackboard. John is playing football. May is playing basketball.（呈现语法）

T：Now look at the pictures on your desk. What are they doing?（替换练习—机械

性训练）

S1：Mary is playing table tennis.

S2：Jack is playing volleyball.

S3：Mr.Li is swimming.

T：Well done! Let's play a game now.

S1：（mime swimming）What am I doing?

S2：You are swimming.

5. 语境原则

语境在语法学习中具有重要意义，没有语境的支持，学生就很难对语法知识形成深刻理解，也就无法实现高效的语法教学。教师在进行英语语法教学时，应尽量为学生提供真实、合理的语境，确保学生在有语境支持的前提下提升综合语法运用。

二、少儿英语语法教学的内容、方法与活动示例

（一）少儿英语语法教学内容

在语法练习中，通常根据句子成分来转变单词构成，语法除了通过句子表达之外，还有借助单词和短文的表达。综合来说，少儿应该学习的语法项目见表 2-2。

表 2–2　小学阶段学习的语法项目

语法项目	示例
1. 名词的单复数形式	chair, chairs; sheep, sheep;leaf, leafs
2. 名词的所有格	Kitty's, Li Ming's
3. 人称代词	I, you, we, they, he, she, it
4. 形容词性物主代词	my, your, we, they, his, its
5. 一般现在时	I like bears. He goes to school on foot. Does she like playing football? What does your father do?
6. 现在进行时	The cat is sleeping on the sofa. What are you doing? Is Smith writing a letter?

续表

语法项目	示例
7. 一般过去时	What did you do yesterday evening? We went to the cinema. We didn't see you at the party.
8. 一般将来时	John and I are going to buy some storybooks this afternoon. We'll go there by bus.
9. 表示时间、地点和位置的常用介词	in, on, under, beside
10. 简单句 5 种基本句型	A. 主语 + 系动词 + 表语（形容词、名词、介词短语） We are brothers. He is tall. Your book is on the desk. B. 主语 + 谓语（不及物动词） My father works hard. C. 主语 + 谓语 + 宾语 Monkeys like bananas. D. 主语 + 谓语 + 间接宾语（人）+ 直接宾语（物） I'll show you my photos tomorrow. E. 主语 + 谓语 + 宾语 + 宾语补足语（名词、形容词） You should keep your room clean. We can call the little cat Gina.

少儿在接受英语教学时，通常对以上罗列的规则理解程度不深，甚至不会形成理解，因为这些规则具有很强的理论性，再加上少儿的英语基础知识能力原本就很薄弱，教师应该注意在教学安排上的合理性，打好语法基础。

借助小学阶段学习的语法项目表，教师可以进行重点语法项目的筛选。

1. 词法

词法是有关单词构成规则的体系。表 2-2 第 1 至第 4 以及第 9 项可以被称为词法。以下借助名词的单复数形式举例，通常可数名词单数形式前面加 a/an，如 a banana, an apple；当要求复数形式的规则变化时，如 apples, oranges；不规则变化如 sheep, feet, children。但学生就仅仅掌握这些还不够，通常在我们表达时又会根据表达习惯做相应调整，比如：I like apples. 而不是 I like an apple。在正常的表述中，表达的是喜欢苹果这一类水果，而不是单指一个苹果。

再例如以下语境：

A：Please taste these apples.

B：Mm.I like this red one.

这一对话语境中就做出了范围限定，所以在表达时是以代词 this、形容词 red 和代词 one 来代替复数形式。

2. 句法

句法是有关句子构成规则的体系。句法中的语序是学生学习过程中的难点。为什么“He on foot goes to school”不是一句英语句子，而“He goes to school on foot”才是？为什么“We are doing the housework at home”不能写成“We are at home doing the housework”？关于句法的学习，教师通常可以借助大量的实例操作等隐性手段将学习方法传输给学生。

3. 表意功能

表意功能指的是语法具有表达意义的功能。表意功能是一个重要的语法掌握知识点。当我们需要表达一句话的真实意义时，通常会借助不同的单词以及各种语法形式指向一个标准化的意义。

如果我们需要强调做动作的人，就要选择主语。

The students in our school are singing on the stage. 我们学校的学生在台上表演。（不是别人，是“我们学校的学生”）如果我们要说明动作的承受者，就要选择宾语。

I gave Mr.Yang two tickets. 我给了杨先生两张票。（给的物品是票，不是别的；给的对象是杨先生）

如果我们要说明发生的事情和过程，就要选择动词。

The sun rises in the morning and goes down in the evening. 太阳朝升夕落。（升起和落下的动作）

如果我们要强调程度、方式，就要选择副词。

Thank you very much. 非常感谢。（感激程度）

The wind is blowing gently. 风力和缓。（刮风的方式）

我们选择不同的时态来表达不同的含义。

He worked in Beijing.（他在北京工作过，现在不在那里工作）

He works in Beijing.（他目前在北京工作）

It’s two o’clock. He is still working.（此时此刻他正在工作）

He is going to work in Beijing.（他打算去北京工作了）

我们用情态动词来表示情态。

Can I have some candy?（表示请求许可）

You should get up early.（表示命令要求）

表意功能是语法教学中不可忽略的一环，教师应该合理进行教学课程安排，锻炼学生对语法表意的运用能力。

4. 口语和书面语的区别

区分口语和书面语是任何语言学习的基础，在少儿英语教学中，教师应该准备大量的实例区分二者在应用情境表达上的差别。口语通常适用于人际日常沟通，而书面语一般比较规范、正式。比如：

口语：What’s your name? My name’s John.

书面语：What is your name? My name is John.

教师应该鼓励学生在大量词汇积累的前提下，参与实际的人际社交。

（1）A：Wonderful photos, those on the wall. Don’t you think?

B：Yeah.They’re...funny, for me, I mean.

（2）A：Wanna coffee?

B：No, thanks.

（二）少儿英语语法教学方法

1. 直观法

直观法指的是教师为学生提供直观性的手段来让学生学习英语语法，通常情况下它需要借助一些辅助性材料，比如图片、实物、简笔画等。在英语课堂中，这些辅助性材料可以激发少儿的学习好奇心，从而促进学生对英语学习产生积极性。如用图片或实物教名词的单复数。

例如，教师准备一个袋子和一些物品来教 there be：

T：（show a bag to the class）What is in this bag? Touch and guess.

S1：（touch the bag）A ruler is in the bag.

T：Yes.There is a ruler in the bag.（take a ruler out of the bag）

S2：（touch the bag）A book?

T：There is a...

S2：There is a book.

T：Yes.There is a book in the bag.

2. 情境法

在英语短文练习中，情境支撑更有利于学生快速对语法应用做出分析，通常教师告知学生要联系上下文。英语语法教学借助情境法可以提升教学效果，学生在情境练习中可以对知识点进行整合、归纳，从而加深知识点印象。

Mr. Li is back home. He cannot find Mrs.Li, Kitty and Ben.He asks：

"Where are you, Mary?"

"I'm in the bathroom. I'm washing my hair." answers Mrs. Li.

Mr.Li goes to his bedroom. He wants to talk to Ben and Kitty.

"Where are you, Ben and Kitty?"

"I'm in the bedroom, Dad.I'm making a model plane." answers Ben.

"I'm in the study room, Dad. I'm writing a letter." answers Kitty.

在"Mr.Li 回家因看不到家人而发问"这个语境中，人物用 I'm washing/making/writing... 来表达"此时此刻正在做的事情"。学生未必知道这在语法中叫作"现在进行时"，但是学生体会到用这样的句子可以表达正在做的事情。

3. 全身动作反应法

全身动作反应法就是让学生对提供的信息做出动作反应，这种方法可以充分集中学生注意力，使学生全身心地投入教学情境中。全身动作投入法通常适用于指令语和祈使句的教学。例如，教祈使句时，教师发出指令，让学生做相应的动作。

T：Look at the window.

Ss：(look at the window)

T：Open your books.

Ss：(open their books)

如果加入祈使句的否定形式，这个活动可以成为一个快速反应游戏。

T：Open your books.

Ss：(Open their books)

T：Don't open your books.

Ss：(make sure their books are closed and if not, close their books)

当然，有些指令动作要学会变通，可以借助其他的动作代替表达。

4. 文本法

通常我们在初次学习某类语言时，往往接触的是一个句例，但在实际语言应用中，出现的却是一整个文本。文本法也就是为学生语言学习提供的语境，它对提升学生的语法能力有很大的作用。

What is it?

Its ears are long.

Its mouth is small.

Its tail is short.

What is it?

It is a rabbit.

这个文本是一个谜语。学生通过阅读谜语，学习 What is it? It is... 在谜语这个语境下，“What is it?”的呈现非常自然，容易理解，而且由于谜语中的 Its...is/are... 是旧知识，有利于学生仿照这个文本创编谜语，实现语言的运用。

（三）少儿英语语法教学活动示例

1. 替换活动

给出一个句子，如 She usually visit her grandparents at weekends，再给出几个可供替换的词或短语，如 Mary, go to the park, on Monday，让学生随意选择说一句话。如 Mary usually goes to the park at weekends. 要求学生说话时考虑语言的合理性和逻辑性。如果假设 Mary 是一个学生，就不能说 Mary usually goes to the park on Monday. 但是学生可以根据需要自行添加句子使语言趋于合理，如 My grandma's name is Mary. She usually goes to the park on Monday.

替换活动应该确保造句上的灵活性，同时还要考查句子是否与正常社交活动相契合。

2. 调查活动

调查活动就是班级内以小组为单位，各个小组之间进行真实的信息交换活动，通过小组之间的信息总结调查成员情况，根据情况做出反馈总结。如话题 My favourite sport，句型 Do you like... 让学生调查班上同学喜欢的运动。在大概了解了相关信息后做出图表反馈，如表 2-3 所示。

表 2–3 “我喜欢的运动”调查表

Name	play football	play basketball	swim	hike

3. 游戏活动

游戏活动形式上具有多样性，常见的有猜测游戏和翻牌游戏，猜测游戏类似你画我猜。

S1：He’s tall. He’s thin. He can swim. Who is he?

S2：He’s Wang Lin.

S1：No.He can play football too. Who is he?

S2：He’s Zhang Jie.

S1：Yes!

4. 信息沟通活动

信息沟通活动就是小组内部借助收集的信息线索完成具体的任务安排，这类活动充分调动学生身心参与，使学生集中精力投入小组任务中。

A 组：

Where are they?

Jack likes bears. Mary likes monkeys. Miss Li likes elephants.

B 组：

Where are they?

Look at the bears! They are strong. Look at the monkeys! They are cute. Look at the elephants! They are big and tall.

5. 讨论活动

讨论活动在展开形式上具有多样性，除此之外，教师可以组织学生随时随地展开讨论活动，它具备了便捷性、自由性等优势。以下举例，以小组为中心讨论成员在周末一般做什么。

T：(show some photos of a boy) This is Jack. He’s a student in our school. What can you say about him?

S1：He’s tall.

S2：He likes music.

三、案例展示

（一）案例一

教学内容：字母 a 在闭音节中的发音。

相关说明：在教本内容之前，学生已学过 5 个元音字母在开音节的发音。

教学对象：小学三年级学生

教学过程：

1. 教师呈现两组单词，A 组单词中的字母 a 和结尾 e 用红色表示，B 组中的字母 a 用蓝色表示。请学生仔细听 A 组单词的录音并跟读。

A 组：face　late　snake　gate　cake　take

B 组：bad　dad　back　at　fat　cat

2. 播放 B 组单词的录音，请学生模仿发音。

3. 请学生轮流读 B 组单词，必要时用夸张的方法提醒学生注意口型，体会发音要领。

4. 在黑板上写上 at，请学生读出这个单词，然后，逐一把字母卡片 b, c, d, f, g, j, k, l, m, n, p, r, s, t, w, y, z 放在 at 前面，请学生拼读。接着教师示范朗读，让学生跟读。

5. 出示简笔画，请学生为两组单词选一选，看看哪一幅图画更适合 A、B 组。简笔画 1 是一个人站在敞开的门口，文字 gate；简笔画 2 是一个人面对一堵墙，文字 bad。

6. 通过简笔画帮助学生发现 B 组单词中字母 a 的发音规律。

7. 呈现 3 组单词 nap, tap; ham, name; bat, Kate 请学生试着拼读。

8. 听力游戏。教师播放录音，告诉学生如果听到长音 a 的单词，不出声；如果听到短音 a 的单词，拍手。

9. 呈现绕口令 A sad fat cat sat at the mat in the flat with Dad. 先请同桌两人一起朗读，然后请 3 ～ 4 组同桌大声朗读，最后请全班一起朗读。

【案例分析】

本次课程主要通过模仿法、对比法、游戏法和绕口令法来提升学生的单词拼写能力，其中模仿单词发音是本次教学的基础性前提，要求学生重复多次地跟读和练习单词发音。课程将单词分成 A、B 两组，以蓝、红两色来区分字母音节，让学生在模仿过程中集中注意力。

为了锻炼学生视听一致的能力，激发学生参与积极性，课程组织学生进行简笔画创作、拼读练习以及听力游戏，以不同形式帮助学生辨别 a 在开音节的发音区别。最后组织进行绕口令活动，目的是培养学生的节奏感和发音语感。教师在设置一个目标课程时要有战略性和层次性，按照顺序进行组织练习，确保学生在掌握了基础条件的前提下进行深层的知识渗透，本次课程主要是让学生先掌握基本 5 个元音字母的开音节发音后再练习闭音节发音。

本次课程采用了“感知—体验—观察—实践”的方法进行语音教学，这种方法可以让学生逐渐培养分辨意识，帮助学生更好地掌握拼读规律，让学生有目标、有兴趣地学。

（二）案例二

话题：sport

教学目标：学会用 play football 等短语介绍爱好。

教学内容：play football, play basketball, play volleyball, play table tennis。

相关说明：学生学过一般现在时的第三人称单数形式（The sun rises in the morning）。

教学对象：小学五年级学生。

教学过程：

1. 热身和准备活动

让学生自由交谈，说一说自己的爱好，复习句型 What do you like doing？ I like doing... 和单词 dance, read, swim, sing。

2. 授学活动

（1）教师让学生读一段对话或看视频，让学生找一找、猜一猜对话中的人物喜欢做什么事。

T：（put pictures of people playing football, basketball, volleyball and table tennis on the blackboard）What sport does John like？ Find out the picture.

S1：（take the picture of playing football）

T：Yes. John likes playing football.

教师依次让学生找出运动照片，在此过程中口头呈现新词。

（2）教师出示 4 个短语的字形，放在照片相应的位置上。然后带领学生朗读。

T：Foot-ball. Football.

Ss：Foot-ball. Football.

T：Play football.

Ss：Play football.

…

（3）教师帮助学生记忆单词，在黑板上画线指出照片中足球运动员的脚、篮球筐和乒乓球的桌子。

3. 操练运用活动

（1）让学生说一说对话中的人物分别喜欢什么运动。

（2）让学生两人一组问问彼此喜欢什么运动。

（3）让学生向全班介绍同伴喜欢的运动。

（4）游戏活动。快速出示生词卡，让学生找一找哪一个遗漏了。

（5）游戏活动。让学生两人一组，一个人做动作，另一个人猜一猜是什么运动。

学生可以加入其他已学的单词，如 swim, run。

4. 鼓励学生课后查一查其他体育运动的英语单词，下节课向大家介绍。

【案例分析】

教师以 What do you like doing? I like doing... 发起话题讨论，引导学生在话题思考中进行知识点的巩固，进入课程学习后以文本猜谜活动激发学生对新词学习的积极性。课程还采用了图片的应用，学生根据自己喜欢的运动进行图片匹配，在做图片匹配时教师可以让学生进行对应的新词引用，帮助学生获得第一次语言输入，教师借助照片整体教学新词的发音、词义，并呈现了词型，这种情况下，学生就获得了第二次语言输入。

整个课程活动围绕“词块原则”进行展开，让学生理清词汇之间的联系，帮助学生更好地理解和掌握新词，巩固和加深知识点记忆。

本次课程的实践应用阶段主要以“运用为目的”为原则，要求学生以个人活动、对子活动和全班活动听一听、说一说，将新词套入已经掌握的句型基础上进行练习，主要训练学生的词形记忆和词语运用能力。

第三章　少儿英语基础技能教学

第一节　听力教学

对于我国的英语教学，英语教学专家陈琳等教授认为，就人们掌握语言的过程来说，总是先掌握其口头形式，然后再掌握书面形式。[①] 所以，我们在学习第二种语言的时候，需要按照先听说后读写这个规律来逐步学习，不能颠倒顺序。

我们可以从人类学习母语的经历中，找到一个规律，就是每一个孩子在模仿和学习母语时，已经经历了大量的“听”的累积和训练。注意，其中的“听”不是指有目的的训练或者刻意为之的，而是指孩子在成长的过程中，身处一个有声世界，每天都会不自觉地听到各种话语，长此以往，孩子就能将听到的话语通过模仿和学习变成自己的语言。经过长时间的学习和探索，孩子能够听懂的话语逐渐增多，语言表达能力也就随之增强。也因此，想要学好一门外语，首要问题是要解决“听”的问题。

一、少儿英语听力教学的原则

在少儿英语学习中，有很多因素都影响着学生的听力理解。就比如说，学生对于听力内容中涉及的一些语言知识方面的掌握度；学生对于听力话题的内容和背景的熟悉度，还有说话者的说话方式、说话的速度和口音等；在听的过程中，是否有其他的手段来辅助少儿对于听力内容的理解；听力环境是否合适；学生在听的过程内心的情绪状况等。还有许多的能够影响学生听力理解的因素，这只是举出了其中最为常见的影响因素。

从上述可以看出，少儿英语听力教学中存在着大量的影响因素，那么少儿英语听力教学目标该怎么定位？怎么提高学生听的兴趣，以及听力教学的效益呢？

张志远在 2002 年 8 月推出的《儿童英语教学法》中指出，少儿英语教师在进行听力教学时，并不是简单地教会孩子模仿语音语调，而是通过听力学习语言及学

① 郭松梅．基于新课程标准的小学英语教学设计 [D]. 华东师范大学，2009.

习如何听英语。[①] 他表明，听力教学的目标是：学会怎么样去听、在听的时候学会收集关键信息、学会听力技巧、喜欢听、乐于模仿、喜欢参与。教师在进行听力教学时，需要做的是为学生提供丰富的真实听力材料。比如，儿歌、对话、短文等。学生需要做的是，在听的时候要带着积极的思维去听，带着目的去听。

（一）坚持听力教学实践性原则

展开听力教学的目的，是培养学生在听的过程中，能学会捕捉有效信息，以此能进行交流。在进行听力教学时，教师应该坚持将听力作为语言交际的基本技能进行训练，通过语言实践来提高学生的英语听力。值得注意的是这里的训练并不是听力技能训练，也不是为了应试而训练，而是培养学生在听的过程中的理解、信息捕捉和处理等各项能力。如果对学生进行单纯的听力技能训练，那么学生在思想和精神上，就会对英语听力产生抵触或者紧张感，自然而然地，听的效果和目的都将大打折扣。

我们在英语的教学中，类似“听录音，选出你听到的句子：A. I am a doctor. B. He is a doctor. C. She is a doctor.”这样的听力内容，是少儿英语教师常用来让学生做的听力题类型。在对这类题型进行详细的分析和解剖时，不难发现，3 个选项答案都是考验学生是否能听懂、认读 I am, He is, She is，对于后半句的 doctor 没有做任何要求。这种题目是将听力当作语言知识进行讲练，很难激发学生听的兴趣，自然对学生听力的提高起不到作用。

曾经有教师这样设计听说活动：让学生对 I am, He is, She is 进行辨别，教师请一个学生扮演小白兔，然后手指着这个学生说：“Look! He is a rabbit”。而后学生开始自我介绍：“I am a rabbit.”教师：“He is small and cute.”学生：“I am small and cute.”教师：“He is six months old.”学生：“I am six months old.”教师：“He can hop.”学生：“I can hop.”

同样还是辨别 He is 和 I am，但是，这位教师采用的方式是听说结合，让学生能够将教师的语言转化为自我描述的语言，在此过程中，因为有自我描述的要求，学生就需要仔细地聆听教师的每一句话。这样，学生的注意力就集中在听的内容上，能帮助学生理解和使用语言，从而有效提高学生的听力水平。

---

① 陆英 .TPR 儿童英语教学法初探 [J]. 新课程导学，2018（30）：3+9.

（二）坚持听力材料选择适切性原则

1. 语言

语言的难度要根据学生的实际听力水平确定，同时还要略高于学生的实际听力水平，让听力具有挑战性，便于学生使用听力技巧和策略。语言难度过低或者过高，都会导致学生失去英语听力的兴趣，产生抵触或畏惧心理。

2. 目标

选择听力材料前确定听力内容是否合理，主要用于分辨材料类型是传递信息型还是完成任务型，以不同的目标来选择最合适的听力材料。

3. 说话者

不能选择学生没有听过的、带有严重口音的听力材料。严重的口音或者不正常的语速都是在加大听力难度，对于少儿阶段的英语听力教学来说，是不适宜的，首先，少儿阶段的学生英语能力和理解能力有限，达不到这种高难度的目标；其次，这种高难度的练习，会间接摧毁孩子的兴趣，或者直接影响学生对于英语的学习，比如说，少儿阶段的孩子喜欢模仿，播放带有严重口音的听力内容后，学生很容易对其进行模仿，影响学生对于正确英语口语的发音学习。

4. 长度

对于少儿阶段的学生来说，短时间的听力材料一般在 30 秒到 2 分钟之内。不建议使用少于 30 秒的听力材料，因为，少于 30 秒的听力材料，在学生的注意力集中方面起不到作用，甚至很可能会出现大部分学生注意力涣散的现象。长的语篇可以通过分段进行任务式的听力练习。

5. 视觉支持

少儿身心发展规律指出，少儿阶段的孩子，注意力集中的时间较短。所以需要以其他的方式来辅助教学，以达到聚焦学生的注意力，帮助他们理解上下文。比如在教学过程中利用插图、地图、图表和录像等多种方式，吸引学生的注意力。

6. 学生

学生是听力练习的主体，听力材料自然需要选择符合学生的类型，以达到材料为提高学生英语听力而服务。

儿童天性活泼，模仿力及机械记忆力强，理解能力和分析能力较弱。所以，听力材料的选择要立足于学生的语言基础，选择符合他们年龄特征和兴趣爱好的内容。

当然，学生的语言水平随着年龄的增长，和长期的学习、实践，都会有不同程度的进步和增强。听力材料也应该尽可能选择一些带有真实语境的，贴近学生生活实际的内容，像学生感兴趣的动画片中的对白等。教师还可以与其他英语教师协作，一起构建一个听力资源库，这个资源库主要是根据学生所学话题，收纳一些相关的字母歌曲、童谣、新闻、天气预报、动画、故事等，将这些材料以学生的语言水平来划分等级。如果学校有外教，教师可以自己编制一些语言材料，请外教录音，然后作为学生听力训练的材料。

（三）坚持多形式教学原则

低年级学生天性活泼好动，注意力容易分散，教师在设计听力活动时需要结合这一特点，采取具有针对性的、适合于儿童年龄特点的形式，设计多种形式的活动内容。可以采取视听结合、听动结合、听说结合、听演结合等多种方式引起他们的兴趣。对于高年级学生，则可以以循序渐进的方式，逐渐增加难度和听力内容，以及有一定听力速度要求。可以采用概括、判断、归纳等方式来逐步培养学生的听力能力。

开展、组织不同的听力活动，是为了达到不同目标，所以其关注点也不尽相同。有的听力活动要求学生关注细节，有的听力活动是为了巩固所学单词和句型结构等。教师需要根据学生的语言基础和听力目标，来选择适宜的听力活动形式。

（四）坚持循序渐进原则

提高听力需要通过长时间的、不间断的学习和实践，绝不是短时间就能达到的。平时对于听力教学时重时轻，或者时有时无，都不利于学生听力发展。教师需要坚持循序渐进的听力教学原则。

教师要结合课程标准、教材要求和学生的具体学习情况，来做出相应的分析和判断，从而制订出详细而周密的教学计划。其中，学生的具体情况不单指学生的个人情况，还包括一些外在的条件，比如说每周的课时量、班级人数、学习环境等。

教师在制订计划时，还需要考虑学生的阶段目标和要求。比如说，这个阶段的学生需要听懂多少字数的短文、多少个回合的对话等；在下一个阶段的学习中，又需要增加短文的长度和对话的回合数，而这些增加的量在什么程度是合适的。这就要求教师在设计听力任务时，难度的跨度不能过大，需要遵守循序渐进的原则，让大部分学生都能听懂，实现听力练习的效度。

（五）坚持培养听力策略原则

1. 预测策略

预测法不仅可以用在听开始之前，还能用在听的过程中。教师可以在播放听力材料之前，以各种方式让学生对接下来可能听到的材料进行猜测，材料猜测可以是猜主题、内容、细节等。举例来说，在通过故事训练学生听力时，教师可以在某个环节停下来，让学生猜测接下来会发生什么。预测的作用就能从中体现了，它能调动学生的积极性，让学生主动地思考、猜测将要学习的内容，然后通过认真听录音材料，来检验自己的猜测是否正确，在这个过程中，学生能保持高度的注意力在听材料上。如果学生的预测符合实际听力内容，那么就会在很大程度上提高学生的自信心，激发学生的兴趣。

2. 记忆策略

记忆策略指帮助学生在听力过程中通过某些方法有效记住所听内容的技巧和方法。听力对于记忆来说，是一个短时间的过程，学生不可能在短时间内记住所有的内容。但是内容对于学生来说又是重要的，记不住内容就会影响学生对整体的理解。

一般情况下，每一篇听力材料都有关键词或者核心词。例如在叙事性文章，一般会出现顺序性的词，像 firstly, secondly, then, finally 等连词；and 表示顺联的意思；but, however 表示转折的意思等。如果听力材料是一段天气预报，那么时间、地点、温度这些要素就非常关键。教师可以引导学生注意关键词，提高听力效率。具体来说，可以通过笔记的方式来实施。首先，教师要教学生选择性地记笔记，如前面提到的听力材料中的核心词和关键词；其次，教师可以引导学生学会用一些简单的缩写来记笔记，如北京用 BJ，教师用 T，很多学生用 Ss 表示。教师应该鼓励、支持学生自己创造简单的缩写，因为笔记是自己看的，只要学生自己理解，能为帮助学生解决问题就可以了。

3. 注意策略

教师可以引导学生关注教师的各种变化来找到听力材料中的关键部分，如教师的姿势、面部表情、声音高低、声调的变化等。因为在少儿英语教学中，很多的听力材料都是由教师亲自朗读，或者是教师事先通过录音等手段，记录的自己朗读声音。教师引导学生在听的时候关注教师的各种变化，是为了让学生关注到教师希望学生关注的地方，也就是信息的关键点。如果是完成听力练习的话，教师可以在听力开始前，引导学生关注练习的相关信息，在听的过程中重点关注这些地方，对听力材料进行选择性加工，以促进对听力材料的理解。

（六）坚持多输入原则

20 世纪 80 年代初期，美国语言学家斯蒂芬 · 狄 · 克拉申（Stephen D. Krashen）提出了语言输入说（input hypothesis），他将语言学理论和语言教学实践连接了起来，广泛影响了整个外语教学界。这个理论认为语言是通过理解信息，也就是接收可理解输入而产生的。[①] 它包括了 5 个假设：习得和学习假设、监察假设、自然顺序假设、输入假设、情感过滤假设。在这 5 个假设中，输入假设是该理论的核心。克拉申强调最佳语言输入的 4 个必要条件分别是：①输入必须是可理解的；②输入必须是有趣的、密切相关的；③输入不是以语法为大纲的；④输入必须是大量的。[②] 其中，可理解性尤为重要。

所有成功的外语学习者都具有获得可理解的语言输入的特征。输入量和学习效果成正比关系，即输入量越大，学习效果就会越好；输入量越少，学习效果就会越不理想，外语学习就更谈不上了。如果输入材料略高于学生实际的语言水平，就会让学生产生一种征服感和成就感，激发学生的学习信心。

20 世纪 80 年代后期，很多学者和研究者，为了补充和完善这一理论，开始关注、研究输出在第二语言学习中的作用，然后形成了另一些相关理论。梅里尔 · 斯旺（Merrill Swain）提出的输出假说就是其中之一。输出假说肯定了语言输出能帮助语言学习者准确、流利地使用语言。梅里尔 · 斯旺提出了可理解的输出假说，就是可理解的输入在学习过程中，不可否认起到了很大的作用，但是在全面发展第二语言水平上还没有起到更为有效的影响。想要学习者的第二语言既流利又准确，不仅需要可理解的输入，更需要可理解的输出。梅里尔 · 斯旺认为输出在语言学习过程中有 3 个重要作用：①注意功能。在用目标语表达过程中，学习者会注意到他们

---

① 江莹 . 输入假说对小学英语教学的启示 [D]. 华中师范大学，2013.

② 支永碧，王永祥 . 外语教学行动研究与教师专业发展 [M]. 南京大学出版社，2004，360.

想表达的与能够表达之间存在差距，即注意差距。②检查假设功能。第二语言习得被认为是一个对目标语不断做出假设并且对此假设不断进行修正的过程，而输出正是一种对目标语潜在假设进行检验的手段。③元语言功能。所谓元语言，是指学习者所具有的关于语言的知识总和。[①]

布鲁斯特等学者（2005）指出："听力的提高不一定依赖于是不是有磁带或是预先录制的材料。事实上,大多数的听力都是以教师说为基础的。"[②] 克拉申（1987）认为，在学习语言时，用习得的方式比学习的效果要更好。而学生听到英语最多的机会就是在英语课堂中，也因此，教师的语言输入是提高学生听力能力的重要途径之一。

教师在组织课堂教学时，应该尽量用使用英语。这些课堂教学组织语言也是锻炼学生听力的语言材料。在教学中，教师需要把握语言的难易程度，应该要适合于学生的阶段而略高于学生所学。因为，如果教学内容太简单，学生已经掌握了教师所说的话语，没有新的知识注入，那么就不可能提高他们的听力水平；如果太难，学生会听不明白，也不清楚教师的目的，听的效果自然就会降低。比方说，教师 A 在表扬学生时，总是用"Good"；而教师 B 在表扬学生时，会根据学生的表现分别用"Good job!""Great!""Perfect!"等语言。长此以往，教师 B 的学生关于"好"的词汇量，就会比教师 A 的学生累积要多，在今后的其他场合中，他们对这些词的敏感度就会相对较高，听力能力自然就会提高。

二、少儿英语听力教学的方法

（一）听力理解过程的基本模式

听是一种接受性的语言技能，听者接收声音信息，然后留意该信息，再通过感知对该信息进行辨别，达到理解和对新的信息进行储存、记忆。听的过程是听者对所听到的信息在脑海之中进行分析的过程，也是带有目的预测和印证话语的动态过程。

研究者们把听力理解的过程分为两种模式：一种是自下而上（bottom-up）模

① 靳洪刚．有效输出在第二语言习得与教学中的作用 [J]. 世界汉语教学，2017，31（04）.

② 屈鹏飞．多语者之路：语言爱好者的人类学研究 [D]. 厦门大学，2018.

式，另一种是自上而下（top-down）模式。[①] 第一种模式是从语言的形式对信息进行加工，将听到的所有音节组合成单词，在理解单词意思的基础上，把单词连接成句子，得出句子的意思，而后将句子连接为段落，在理解了段落的意思后，最后再将段落整合为整篇内容，达到理解整篇内容的目的。第二种模式是从语言的整体意义入手，根据与话题相关的背景知识或生活经验，从听力材料的题目开始，猜测整篇主题内容，通过主题句来预测段落大意，从上下文语境推算生词的意思，利用听到的信息，分析、推理各个话语事件之间的关联，推导预测没有表达出来的细节等。

（二）听力教学的基本步骤

1. 听前活动

（1）旧知激活。运用各种方式或者手段，复习听力中将会出现的词、句型结构等，帮助学生回顾已经学过的知识点。

（2）背景介绍。教师把听力内容的背景给学生进行适当的介绍，让学生在听的过程中更有方向性、目的性。比如在让学生听奥运会的介绍内容前，教师可以给学生简单介绍奥运会起源、举办周期、奥运精神等，让学生在听之前形成一些简单的奥运知识，保证学生能顺利地进入听力状态。

（3）听力预测。在听力活动前，教师可以带领学生了解将要听的内容的大体方向，然后让学生预测要听的内容会是什么。如让学生听乌鸦吃葡萄的故事时，教师可以让学生预测故事的发展过程中，乌鸦和狐狸的对话内容会是什么。让学生带着自己的预测听故事，这样，学生会更容易将注意力集中在听力内容上。

（4）任务布置。教师可以布置任务，清楚地告诉学生，在听的时候需要重点关注什么方面。例如，地点、时间和人物等。这样，在听的过程中，学生就会有一个明确的方向。

2. 听中活动

前面我们提到听力是个短时记忆的过程，学生不可能在很短的时间内将所有的内容都记住。所以教师可以让学生学会记笔记，学生在这个过程中不仅能记录下关

① 孟洪玉．国际视野下的英语四大技能教学：听、说、读、写翻译实践报告 [D]. 太原：太原理工大学，2020.

键信息，还能高度集中注意力，提高听力效率。

3. 听后活动

听的目的是获取有效信息，从而进行交流。教师在进行听力教学时，需要把听力作为语言交际的基本技能进行训练，通过语言实践来提升学生的英语听力。因此，教师在完成某个听力任务后，可以运用多种方式对学生进行说、读、写的能力训练。

（1）听说结合。教师可以通过复述、角色表演等形式对学生进行说话训练。

（2）听读结合。教师可以通过让学生朗读听力材料、回答问题等对学生进行读的训练。

（3）听写结合。教师可以通过让学生填空、仿写等对学生进行写的训练。

（三）听力教学活动示例

1. 听做结合

（1）Listen and do（听听做做）。就是在教师发出口令后，学生做出相应的动作。这个活动结合了全身动作反应法（TPR 教学法），全身动作反应法就是将语言和行为联系在一起，通过身体动作教授英语，在这个过程中教师并不要求学生记住指令中所使用的词汇，相反要求学生用身体激发想象力，根据指令做出相应动作，从而领略到自我创造身体动作的乐趣。[①] 对于低龄儿童来说，他们相当感兴趣，非常适合于他们。目的是让学生在轻松、快乐的氛围中练习听力。例如，教师："Touch your nose"，学生触摸他们的鼻子。教师："Show me five"，学生用动作表示数字 5。

（2）Listen and judge（听并判断）。指在教师发出话语后，学生对教师的话语正确与否进行判断，用"Yes!""No!""Right!""Wrong!"等词汇。比如，教师："A dog can climb the tree, but a cat can't."学生："Wrong!"在这个活动中，学生需要在注意力高度集中的基础上，进行积极的思考，调动各种思维和已有知识、经验来对教师的话语进行判断，也因此，这个活动适宜于任何年龄阶段的学生。教师需要做的是根据学生的语言能力调整听力内容的难易度。

（3）Listen and draw/colour（听听画画 / 涂色）。这个活动指在教学生词汇时，

① 朱慧佳 . 全身反应法在小学英语口语教学中的应用研究 [D]. 长沙：湖南科技大学，2021.

或者教会后，以教师发出相应指令，学生通过画画、涂色的形式来完成相应指令要求，帮助学生巩固或掌握相关的词汇。这类型的活动多用于帮助学生掌握关于颜色、形状等名词及方位词等。例如，教师给学生发一张带有 Monster 大概轮廓的图片，请学生通过教师的描述来完成图画。教师："Draw three circles on the face. They are the monster's eyes. Draw one big triangle on the face. It's the monster's nose."学生在 Monster 的脸上画 3 个圆代表眼睛，画一个三角形代表嘴巴。

2. 听说结合

（1）Listen and repeat（听并复述）。这种听力方法常用于少儿低年级英语课堂教学。教师将学生分为数个小组，然后对每一组的一个学生以悄悄话的形式说一句话，这个学生再将这句话传递给下一个学生，以此类推，最后，再由全班来比较最后一个学生复述的话，是否和教师说的一致。这个活动有很强的趣味性和互动性，需要教师能控制好课堂纪律，才能做到有条不紊、活而有序，最后才能实现听力活动的成效。

（2）Listen and say（听听说说）。这个活动需要学生需要听清教师的话语，然后找出对应的话语来进行表达。需要学生在活动中注意力和思维能力高度集中。比如，教师呈现一只唱歌的猪和一只跳舞的小鸡的图片。教师："Look at the pig. It is big."学生："Look at the chick. It's small."教师："The pig is pink."学生："The chick is yellow."教师："The pig can sing."学生："The chick can dance."听的内容可以根据学生实际语言情况逐渐增加难度。

（3）Listen and guess（听听猜猜）。这个听力活动通常是教师对某个事物进行具体描述后，请学生猜测听到的是什么。目的是训练学生关注所听内容的细节，抓住关键词并进行判断。这个活动常常和学生的说话训练结合起来进行。比如，教师说："I like this animal. It is very big and strong. It has a very long nose and a very big body. It has two big ears, but its eyes are small. It lives in the forest."学生："It's an elephant."

（4）Listen and classify（听并归类）。这个活动是训练学生在听的时候能关注细节，找到拥有共同特性或特点的事物，对其进行分类的能力，常用来巩固学习过的单词、短语和句型结构等。比如，教师请学生听一段内容，根据文中人物行动来判断他们是 in the park 还是 at home。教师："Today is Sunday. All the members of the Lee family are very busy. Mr.Lee is walking the dog. He likes playing with the dog. Mrs.Lee is making a cake. Today is grandmother's birthday. She is going to come to have dinner with the Lee family together. Sam Lee is riding a bicycle. He loves sports. But her sister Linda Lee has to do her homework in her bedroom. She has a lot of homework this week."

（5）Listen and predict（听并预测）。这个活动中需要学生高度集中注意力的同时，对听到的内容进行思考和判断，对训练学生的注意力和思维及想象能力有一定的促进作用。例如，教师在讲述某一个故事时，在一个环节停下来，请学生来预测接下来会发生什么，然后调动学生好奇心和积极性，让学生听故事的内容和自己的预测是否一致。

3. 听读结合

（1）Listen and match（听并配对）。这个活动有很多的形式，可以根据学生的语言能力程度来进行灵活运用。主要包括单词和图片配对、句子和图片配对等形式。对中低年级的学生，可以运用根据听到的内容进行配对的形式，即把听到的内容直接进行配对。例如，教师："Mary has a dress. Linda has a skirt. Sue has a hat."左列呈现"Mary, Sue, Linda"三个人名，右列呈现"has a dress, has a skirt, has a hat"3个短语，学生进行相应配对选择。对高年级的学生则可以加大难度，可以请他们听一段短文，然后用配对的方式对文章的细节或主要内容进行概括等。

（2）Listen and order（听并排序）。即学生根据听到的内容，对相应的内容进行排序。这种方法常用于少儿听力活动当中。对于低年级的学生，可以让他们听短文，给图片排序，这样，不仅训练了学生的注意力，还培养了他们的记忆力。对高年级的学生，可以打乱一篇短文的顺序，然后让学生进行相应的排序。这个方法，可以帮助学生巩固所学的单词和结构，训练学生的认读速度。

4. 听写结合

Listen and write（听听写写）。即学生根据听力内容写出相应的答案，活动形式多种。如"听录音，写出所缺单词"是让学生听一段短文，然后写出其中所缺的单词。这个活动对学生的听和读的速度有一定的要求，能够检测出学生对于所缺单词的拼写和掌握程度。"听录音，回答问题"是让学生听一段短文或对话，根据听到的问题写出答案，问题可以是短文中的细节，也可以是对短文进行总结归纳后推导出来的。这个活动对于学生的语言能力要求较高，适合运用于高年级学生教学。

第二节 口语教学

一、少儿英语口语教学的原则

影响学生参加口语活动的问题有很多，如不敢开口、参与说话的人数少、无话可说、机会不均，等等。英语语言文学博士王笃勤认为影响学生说的因素主要有语言表达能力、词汇量、交际策略、准确的发音、纠错、气氛、交互模式。① 从中我们可以看出，影响学生英语口语的因素除了性格方面的因素，大部分的因素都是可以运用一定的办法对其进行降低或者消除的。现在，另一个问题出现了，就是口语教学达到怎样的程度才算成功呢？

成功的口语教学活动应该包括以下主要因素：学习者拥有大量的练习时间、参与活动者练习机会均衡、学习者有强烈的交流欲望、练习的语言适合学习者的水平。②

在实际教学中，存在大多数学生羞于开口、怕说错的现象。所以，教师在少儿英语课堂教学中，需要运用多种方法来激发学生开口说英语的欲望，增强学生的自信心，让学生不仅会说，还要敢于说、乐于说、善于说，在语言的运用过程中学习语言。

（一）激励性原则

心理学认为，在认知水平相对稳定的情况下，学生的情感态度对外语学习的成败有很大的影响。③

"学习外语要解决的问题之一就是心理障碍。"④ 因此，需要教师在教学时，善

① 王笃勤．形式图式与大学英语听力理解 [J]. 考试周刊，2011（92）：115-118.

② 北京市高等教育学会研究生英语教学研究分会．现代外语教学与研究 [M]. 北京：中国人民大学出版社，2020.

③ 郝兴跃．英语教育与教学研究 [M]. 上海：上海外语教育出版社，2012.

④ 贾冰妮．小学中段学生英语口语能力现状及对策研究 [D]. 南宁：南宁师范大学，2020.

于运用多种方法和手段，来激励学生、影响学生的精神面貌和学习动机，让学生能有良好的心态，愿意用英语开口表达。

教师首先要做的是，构建良好的心理教学环境。其中，心理教学环境是指在教学中师生互动的心理环境，即相对稳定的集体情绪状态，这个环境的构建影响着学习心理活动和个性特征，同时也是教学活动中为师生所感知和体验的人际环境。教师需要运用各种方式、方法来创造和谐融洽的师生关系。当学生感受到被尊重、被关爱，才能以全身心放松的良好状态进入学习中，从而能更好地激发学生说话的欲望，体验英语交际的乐趣。

其次，可以对外部环境进行改造或创设，让学生在身心愉悦的环境中学习，能更好地参与到口语活动中。比如，教师可以在教室内贴上英语招贴画、英语标语等，或者播放一些原版动画、歌曲等让学生观看欣赏，让学生置身于一种英语环境中。也可以采用有趣的口语活动来激发学生的表达欲望。

（二）循序渐进原则

1. 重视朗读教学

作为语言教学中的英语教学，朗读起到的作用是巨大的。朗读属于一种“运动记忆”，就是说在朗读时，口腔肌肉的运动沿着某种惯熟的“路径”形成一种长期记忆，产生的效果可以延续几年、几十年甚至终身。①

朗读的过程中，学生需要调动自身的视觉、听觉以及思考能力的运用，可以达到综合记忆的效果。在英语教学中贯穿朗读教学，学生就会将相关词汇、长短句、整篇文章等储存到记忆当中，在进行口语表达时，就能够很快地提取出有效的信息，运用到表达之中，增强学生表达自信心。

朗读练习还能培养学生养成正确、优美的语音语调。在少儿英语口语教学中，教师要注重学生的朗读教学，引导学生通过多种方式，提升自己的英语朗读能力、语音语调正确性。让学生能通过学习和积累，可以正确、流利地朗读好每篇课文。

2. 进行必要的机械操练和记忆

有教师认为，口语教学就是让学生自由地用英语交谈。这种观点不完全正确，因为学生在学了任何一个新句型、新语法之后，不可能马上就自如地运用到交流中，

① 冯小巍．现代英语语言学多维探索与研究 [M]. 北京：新华出版社，2018.

语言知识是需要通过反复不断的练习才能掌握的。

还有一个因素不可忽视，即流利的口语表达要求必须有大量的词汇、句型结构的积累。比如，在少儿英语课堂上常用的3P教学模式中（3P即presentation呈现、practice练习、production运用），学生在运用交流前，教师通常会设计各种机械操练或半机械操练活动，通过练习目标语言，让学生能达到脱口而出的效果。俗话说"熟读唐诗三百首，不会作诗也会吟"，这句话阐释了熟能生巧的道理，英语中也有相似的谚语，如：More practice makes perfect。所以，必要的机械操练和背诵记忆，是提高学生口语技能的重要环节。

3. 给学生提供真实或模拟真实的语言交流机会

（1）任务型教学。指让学生在教师的指导下，通过感知、体验、实践、参与和合作等方式，营造宽松、和谐、民主的教学氛围，以实现完成任务的目的，同时让学生感受成功，树立起"我能学好英语"的自信心，从而促进学生语言交际能力的提高。任务型教学是一种与新课程标准理念相匹配的，有助于落实新课程标准的教学途径。也是一种以人为本的，能体现语言价值的，先进的、有效的教学途径。

主要特点是真实或拟真实任务的设定，引导学生学习语言知识，达到培养学生语言综合运用能力的目标。

（2）交际教学法（communicative approach）。交际教学法源于人类语言学家和弗斯派语言学家，他们认为语言最重要且首先是一种交际体系。语言教学的目的是目标语的交际能力。语言课程的内容包括语言意念和社会功能，而不仅仅是语言结构。学生有规律地在小组或者两两活动中进行信息差传递活动。学生经常从事角色或者课本剧表演，使自己的语言适用不同的社会语境，课堂材料和课堂活动常常是真实可信的，以反映现实情境和生活需要。技能一开始就应该是综合的；特定的活动可能涉及读、说、听，也许还有写。教师的任务主要是促进交际，其次才是改正错误。教师应该能流利地和恰当地使用目标语。①

也就是说，要促进学生之间真正的交际，他们之间或他们和教师之间必须有信息差。教师在教学过程中，可以利用信息差原理，设计、创设任务或对话。一般有3种方式。

① 李培东．外语教学原理与实践研究[M]．银川：宁夏人民出版社，2019.

①学生 A 拥有某个信息，学生 B 必须通过向学生 A 询问来获取信息。

②学生 A 拥有某个信息，要向其他学生传递交流。

③学生 A 和学生 B 拥有不同的信息，他们通过交流分别获取对方的信息。

（三）课内与课外相结合原则

外语学习是学习者在一个模拟的、非真实的语言环境中进行学习。一门语言的学习，需要学习者积累大量的语言材料，然后加以不断的、长时间的练习和运用，才能掌握。也就是说，在教学中，需要教师给学生创造大量的开口表达机会，鼓励学生多开口。

在教学过程中，教师可以结合学生的年龄特征、阶段学习目标等，选择或运用多种方式，给学生创造语言交流机会，如每日英语、英语角等方式。同时，我们也要认识到，课堂教学时间有限，如果班级人数众多，那么就做不到让每个学生都能有机会发言的可能。

由此，教师不仅需要充分利用好课堂时间，还需要善于利用课外的时间，给学生创造英语口语表达机会。我们常用的方法有课后朗读课文、同桌对话等，教师还可以根据学生语言基础能力、学习条件，利用各种信息技术手段，实现师生之间、学生之间的互动。

（四）科学纠错原则

衡量一个人口语能力首要的标准就是准确性和流利性。在语言学习中不可避免地会出现一些错误现象，而这些错误的出现，各有不同的原因，所以教师在对待这些现象时，需要根据具体的情况进行区别对待。

少儿阶段教学中，教师可以根据说话活动的目来平衡这两者的关系。在学习新语言知识阶段的口语活动中，须强调准确性，让学生从开始学习就接触正确的语言形式，还可以通过一些必要的纠错，来加强学生对于正确语言结构的认知。

例如，学习可数名词复数形式的表达时，学生通常会漏掉名词后面的“s”，这时教师可以通过板书、语言等方式来提醒学生，引起学生的有意注意。注意，在学生进行话题谈论等语言输出阶段，强调的是语言流利程度，不能太过于认真去纠错，需要以鼓励学生表达为主。如在学生对一个农场进行描述时，很可能会出现“This is a farm. It’s big. I can see two duck on the farm. I can see three chick on the farm too.”

这种类似的情况，这种表达中，存在着许多的语法错误表达。在学生没有表述完成时，教师不能一发现学生的语法错误，就打断他的发言进行纠错。如果这样做，不仅会对正在表达的学生造成打击，还会给其他的学生造成心理压力，导致学生害怕犯错而不敢开口表达。教师可以在学生表述完成后，用适当的方式，对学生表达过程中出现的错误进行提示或提醒。

二、少儿英语口语教学的方法

（一）口语教学的基本模式

少儿英语课堂教学中，培养学生的口语能力常用的教学模式是任务型教学模式和 3P 教学模式。在此，我们重点来了解 3P 教学模式。

3P 教学法是 20 世纪 70 年代形成的交际语言教学（communicative language teaching, CLT）模式下的产物。3P 教学法把语言教学分为以下 3 个阶段：呈现（presentation）→练习（practice）→运用（production）。在教学过程中教师先对语言知识进行呈现和操练，然后让学生在控制或半控制之下进行假设交际，从而达到语言的输出，形成学习成果。①

常规的 3P 教学模式中，语言学习的最终目标通常是以 production 中的综合运用来进行练习，以巩固学过的语法结构、语言功能或词汇。

（1）presentation（呈现）阶段。教师通过各种方式来为学生展现新的语言知识，方式可以是示范，也可以是猜谜等，最后达到让学生能够理解语言材料的目的，为学生明确学习目标。

（2）practice（练习）阶段。教师通过设计各种机械性、半机械性语言操练活动，让学生能对目标的语言进行充分的练习。活动设计是循序渐进的，由易到难，从机械训练到半机械训练，有一定的交际性。

（3）production（运用）阶段。教师通过设计具有开放性的口语交际活动，让学生在模拟真实的情景中，用语言进行交际，感受语言在真实或拟真实环境的运用。

当教师运用 3P 教学法时，课堂的基本结构就是 presentation→practice→product-

① 侯金香．英语课堂教学中 3P 教学法的运用 [J]. 教学与管理，2010（22）：60-62.

ion。运用这种模式，便于教师组织和控制课堂，提升课堂教学的效率。

（二）口语教学的基本步骤

3P 教学模式的口语教学基本步骤包括 3 个。

1. Presentation（呈现阶段）

（1）实物导入。教师展示实物来引出新语言知识。比如，教形容词 smooth 和 rough 时，教师向学生展示出一个苹果和一个橘子，抚摸苹果时说"Touch the apple, it's smooth"，然后呈现单词"smooth"；再抚摸橘子，说"Touch the orange, it's rough"，然后呈现单词"rough"。这种方式具有直观性的特征，学生能更容易接收到知识，但只适合简单语言知识的呈现。

（2）演绎导入。教师通过演绎动作引出新语言知识。比如，在教"现在进行时"时，请几位学生做动作，教师在旁边介绍他们的动作"Linda is reading. Peter is swimming. John is writing."然后呈现现在进行时的结构。

（3）视听导入。教师通过播放歌曲、短片等方式引入新语言知识。

（4）问题导入。教师通过猜谜、提问等方式引入新语言知识。

2. Practice（练习阶段）

（1）语音语调训练。教师自己示范或者播放录音，学生进行模仿。

（2）仿说训练。学生通过看图说话、仿编歌曲、模仿对话等方式进行新语言知识的训练。

3. Production（运用阶段）

（1）情景对话。教师创设情境，学生运用已学过的语言知识，在新情境中和同伴进行对话。

（2）主题谈话。教师提供话题，学生运用前面所学的语言知识，对该话题展开讨论。

（3）自编新曲。教师展示素材，学生运用前面所学的语言知识，对新儿歌、歌曲、童谣进行创编。

（三）口语教学活动示例

1. Listen and speak（听听说说）

这个活动是在听到教师或者同伴发出的语言指令后，按要求做出相应的语言反应。比如在学习了一般现在时后，学生总是容易遗漏主语是第三人称单数时，行为动词后面添加 s。

教师可以设置一个情境："What a coincidence!"引导学生进行口语训练。

教师：I drink coffee for breakfast every morning."

学生 1："What a coincidence! My mother drinks coffee for breakfast every morning too!"

教师："I go swimming every Saturday afternoon."

学生 2："What a coincidence! My father goes swimming every Saturday afternoon too!"

2. Say in chains（接龙游戏）

这个活动一般和听力训练是结合在一起运用的，目的是鼓励学生表达。比如，教"Do you like monkeys? Why?"这个句型的时候，学生 A 说："I like monkeys, because they are cute."学生 B 接下去说："I like monkeys, because they are cute and smart."学生 C 接下去说："I like monkeys, because they are cute and smart, and they can climb trees."以此类推，最后一位能接下去说的是胜利者。这个活动利用学生的好胜心理，让学生在注意力集中的同时，训练口语表达能力，也能对学生的记忆能力起到一定的强化作用，适用于各阶段的学生。

3. Asking questions（问答练习）

问答法是英语课堂中使用最频繁的教学方法，它适宜于所有阶段的学生。问答法包括了很多种的形式，如教师问学生答、学生问教师答、学生问学生答等。问答法看起来简单，但其中，它的设计好坏程度能直接影响学生的听说能力水平。

例如，在复习动物 pig 时。

教师 A 指猪的图片："What's this?"

学生回答："It's a pig."

教师 B 出示一张农场的照片，照片上有猪、鸡、鸭子等动物。

教 师 B："I like this animal. It's big and pink. It has two small eyes and two big ears. It likes eating and sleeping. What animal do I like?"

学生 1："You like the pig."

教师 B："I see a small animal. It is yellow. It's small. It goes 'peep, peep'. It is hen's baby. What animal do I see?”

学生 2：“You see a chick.”

都是复习动物，教师 A 的问题简单明了，学生通过引导说出了“It’s a pig.”教师 B 通过描述性的话语，不仅让学生说出了动物，还训练了学生的听力，同时，在描述中运用了多种句式帮助学生巩固学过的语言知识，为学生示范了怎样描述一个动物。

教师还需要注意，在设计问题时要根据学生的学习情况处理好封闭式、半开放式和开放式问题的关系。

举例来说，在刚学习颜色类的单词时，教师可以提问：“What colour is your pencil box? What colour is a banana?”等封闭式问题；在巩固复习颜色类单词的时候可以问“What colour do you like? What colour do I like?”等半开放式问题；在运用阶段可以问“I see pink. I think of beautiful girls. And when you see pink, what do you think of?”等开放式问题。激发学生进行主动思考或想象，拓宽表达的内容。

4. Role play（角色表演）

学生非常喜欢角色表演口语练习。角色表演不失为一个练习口语及表演能力的最佳练习形式，同时它还能帮助学生加深对课文的理解。但是，角色表演对学生来说有一定的难度，学生必须能够流利背诵课文或对话，才能顺利地开展活动。所以，在开展这类活动之前，一般会给学生一段很长的时间，让学生去做准备。准备时间的长短由课文的难易程度决定。如果出现学生进行角色表演有困难时，教师可以适当降低难度，让学生对课文中的角色对话进行朗读，让学生从中体会到表演的乐趣，也增强了学生口语表达的信心。

5. Chant, rhyme and tongue twister（儿歌、韵律诗等）

少儿阶段的学生对于儿歌、绕口令、韵律诗等富有节奏感的知识都很感兴趣，节奏感强的知识形式，能够快速激发学生的学习动力和学习兴趣。少儿英语学习中，教师通常让学生朗读儿歌等来熟悉语言的结构和进行词汇的反复操练，用以强化语言能力。

教师可以让学生模仿编写新儿歌、韵律诗和歌曲等，促进学生对于语言知识的掌握和运用，培养学生的口语能力。比如，学生学会唱 *Apple Song* 后，教师在教单词 pizza 时，就可以通过向学生展示各种比萨图片，鼓励学生积极开动脑筋，运

用学过的知识配上 *Apple song* 歌曲的旋律，进行创作，如："Pizza big, pizza small. Pizza nice, pizza yummy. Pizza, pizza, I love you. Pizza pizza, I love to eat." 或 "Pizza big, pizza round. Pizza small, pizza yummy. Pizza, pizza, I can see. Pizza, pizza, I love to eat." 学生在创编完成后，能获得极大的成就感，建立学习自信心，同时也为学生巩固了曾经学过的语言知识。

6. Retell（复述）

复述指让学生阅读或是观看一篇文章、故事、对话等，在把握原文主旨的前提下，通过变换人称或充当不同角色等方式，将文章的大意表达出来。

这个活动非常考验学生的记忆能力和归纳能力。因为学生在这个过程中，不仅需要掌握、了解、记忆观看内容的大意，还需要对观看的内容进行归纳，最后运用所学知识将其表述出来。但是这种活动能为学生巩固已经学过的语言知识，训练学生语言组织能力，这样的活动适用于高年级的学生。

教师在让学生复述前，首先需要让学生，对被复述文章或故事等的内容和语言结构，形成一个深刻的理解和掌握；然后让学生熟练朗读课文，最后再进行复述。在学生复述的过程中。教师可以适当地给出一些提示，如给出关键词、图片等。引导学生边看边想，串词成句、串句成段，最后成篇。如果是对听力内容进行复述，可以教师播放一句，学生复述一句的形式。还可以加大难度，教师播放一段，学生复述一段。

7. Golden eyes（火眼金睛）

这个活动通过让学生对比两张图片，找出其中的细微差别，给学生提供说话训练的机会。比如，同样的房间，图 A 中窗前有瓶玫瑰花，图 B 中窗前有瓶康乃馨。学生通过观察，然后说出 "There are some roses in front of the window in Room A. But there are some carnations in front of the window in room B." 在学生进行描述之前，教师可以引导学生对相关的单词、句型巩固。如低年级学生可以用 I can see⋯的句型进行描述："I can see two roses in Room A. I can see three carnations in Room B." 这样就为学生降低了难度的同时，进行了相关的说话训练。

8. Do a survey（调查）

采用任务型教学模式，通过完成调查任务，鼓励学生充分运用所学语言知识开展活动。如在学生学了 Can you... 句型后，要求学生在某个范围内调查有多少学生会游泳、骑自行车。学生带着这个任务，进行调查或询问，根据实际情况进行记录，最后形成结论，进行汇报。调查过程中，学生在真实的情境下一直使用"Can you swim?Can you ride a bicycle?"这两个句型，语言也就运用到了真实的交际当中。

9. Interview（采访活动）

这个活动通过采访形式让学生运用学过的语言知识进行发问，被采访的对象需要根据问题做出相应回答。如在学完"Do you like?"句型后，可以请一个学生上台接受采访，其余学生可以就颜色、动物、水果、季节等内容进行发问，被采访学生可以根据自己的喜好，用"Yes, I do"或"No, I don't"回答。

不同的年级需要增加或减少难度，因为，不同阶段的学生，语言知识能力也有所不同。教师可以把这个环节作为每节课开始前的热身活动，首先是提出的问题涉及内容越多，运用到的语言也越多，如"How do you feel today? What's the weather like today? What did you eat for breakfast this morning?"等；其次是为每一个学生提供上台接受采访的机会，也就是让所有的学生都能有参与口语活动的机会。

10. Topic talking（主题谈话）

指教师围绕一个或者多个谈话主题，根据学生的学习能力和学习需求，选择并组织与主题相关的学习内容，通过适当的教学策略和教学形式，引导学生进行有目的的说话训练。[①] 在整个活动中，教师引导学生学习、掌握、巩固相关的语言知识，发展口语表达能力。

也许有教师会对此提出疑问，就是少儿阶段的学生，英语水平不高，给学生一个主题，学生真的能够理解吗？就算通过教师引导理解了，他们真的能表达出来吗？其实，在现实的英语教学中，是可以实现的，但前提是有正确的教学方式。教学方式正确且适合于学生，主题式说话就会是一种非常好的口语训练方法。

在选择语言材料的时候，要注意新旧知识融会贯通；教学过程中，教会学生和主题相关的词汇、句子、语法等，帮助学生学习新知识，巩固学过的知识；最后，通过小组合作、复述、续编等各种形式进行表达，可以从词到句、从句到段、从段到篇，逐渐增加累积，灵活运用材料，激发学生想象力、思维能力。

① 北京市高等教育学会研究生英语教学研究分会．现代外语教学与研究 [M]. 北京：中国人民大学出版社，2020.

比如，对话题“Different people like different things”进行主题说话训练时，教师可以引导学生，复习曾经学过的有关水果、颜色等语言知识，通过整合运用，进行有目的的主题说话训练，可以得到表达：“Different people like different fruits. Some people like apples. Some people like watermelons. Some people like pears.”以及“Different people like different colours. Some people like yellow. Some people like blue. Some people like pink.”“Different people like different...”这样，学生可以将自己要表述的内容对照其他同学的意见，对这个话题进行综合，完整地表述出自己的想法。在学生表达意见的过程中，教师可以根据实际情况，适当增加或拓展新知。

第三节　阅读教学

一、少儿英语阅读教学的原则

发展学生听说读写技能是语言教学不可或缺的有机组成部分。阅读是英语四项基本技能中非常重要的一种输入技能，是扩大学生语言输入量的有效途径。阅读的范围非常广泛，且学生从接触英语字母的那一刻，就开启了阅读。可以说，阅读伴随着学生的整个英语学习过程。英语语言文学博士王笃勤（2006）认为，影响学生阅读理解的因素有背景知识、词汇、句法结构、阅读策略、兴趣、阅读教学。[①]

（一）遵循适切取材的原则

合适的阅读材料是培养和发展少儿的阅读能力的重要条件。阅读的材料不限于课文，教师可以根据教学需求，选择适宜于学生的课堂和课外阅读材料。阅读材料的选择，需要把握好趣味性、难易度、语言的真实性等方面。

阅读材料内容必须积极健康、丰富有趣、贴近学生生活实际，才能做到吸引学生，让学生乐于参与阅读活动。比如选择小故事、对话、诗歌、贺卡、说明书，等等。经典的童话故事或绘本是学生最喜欢的阅读材料之一。

① 王笃勤.英语阅读理解试题的设计[J].山东师范大学外国语学院学报（基础英语教育），2006（02）：79–83.

克拉申（1987）指出好的阅读材料应当符合学生的认知水平（cognitive level），同时又挑战学生的语言能力（competence）。[①] 如果学生对阅读材料中大部分的词句理解不了，那么，无论什么精彩有趣的材料，都不能激起他们的阅读兴趣。少儿的阅读材料选择，篇幅不宜过长，否则会让学生产生疲倦感，失去阅读兴趣。举例来说，对于小学四年级学生的阅读材料选择最好不要超过100个生词，其中的生词以5～6个比较合适。还有一个需要注意的是挑选阅读材料时，有条件的情况下，尽量利用原版材料（original resources），确保语言的真实性（authentic of the language），教师可以尽量收集一些原版的英语教材、报纸等原版材料，对其进行加工利用。

（二）遵循策略渗透原则

阅读策略指语言学习者为提高阅读理解水平使用的学习策略。它包括阅读过程中的一些技巧、为达到预期目的而采取的有选择性和控制性的行为。阅读策略是影响阅读的一个重要因素。好的阅读策略、阅读技巧能保障有效的阅读。没有阅读策略和技巧，或者不能正确运用阅读策略，就很可能出现在规定时间内完不成阅读任务的现象。教师应通过课堂阅读活动教授学生常用的阅读策略和技巧。学生通过阅读策略和技巧的学习，会逐渐变得“会读”“喜欢读”。

（1）单词辨析。对文章中的特定单词进行识别，并理解这个单词的含义。

（2）猜测词义。联系上下文内容，或者线索，猜测单词的意义，以及在文中的用法。

（3）理解大意。通过快速浏览全文，来理解文章大意。

（4）理解细节。找出文章关键信息或具体信息，进行记录，通过细节来理解文章。

（5）重复阅读以检测是否正确。根据练习要求，重复阅读全文或某些具体文段。目的是检测对文章大意和细节的把握是否准确。

（6）按意群阅读。阅读时有意识地按意群阅读。

（7）扩大阅读视距。阅读时有意识地不逐词阅读，扩大阅读时的视距。

---

① 北京市高等教育学会研究生英语教学研究分会．现代外语教学与研究[M]. 北京：中国人民大学出版社，2020.

（8）默读。阅读时有意识地不发出声音，做到默读。

（9）寻求帮助。阅读有困难时，能合理利用各种途径向教师、同伴或工具书等寻求帮助。

进行阅读策略的渗透时，教师还需要清楚，可以对学生在汉语学习中获取的经验和能力进行迁移。就算是一年级的小学生，也有一定的语言学习经验。少儿学习母语（汉语）和学习外语（英语）的过程有很大程度的共性。少儿学习汉语时，首先学习拼音，然后学习汉字，接下来学习词语、句子、段落和篇章。少儿学习英语时，首先学习字母，然后是单词，接下来学习短语、句子、段落和篇章。不难分辨，这和学习汉语的流程是一样的。包括汉语的语言材料强调贴近学生生活，符合学生兴趣等，这些都和英语教学是一样的。

所以，教师可以对一些相关知识和学习经验合理地进行加工，投入教学中，比如，三、四年级的小学生通过汉语母语学习，已经积累了相当多的阅读策略的训练，像朗读和默读、把握文章的大意、结合上下文理解文本等，都是可以经过教师加工，然后运用到英语阅读中的。同时，在英语学习中获取的能力和技巧，也能对母语水平的提高起到推动作用。

培养学生的阅读策略是阅读教学中的重要组成部分，也是教师实施教学策略的目的之一。教师应该根据实际情况，结合具体的阅读内容，制订出有步骤、循序渐进的阅读教学计划，让学生在体验、实践、反思中逐渐掌握这些技巧。

（三）遵循语言、信息并重原则

目前，阅读教学强调阅读技巧与策略的培养。但是，一定量的语言基础知识，对于成功地运用阅读技巧与策略，是非常重要且必要的。学生只有在有一定语言的基础上，才能够对课文中出现的单词及句型等语言基本要点进行理解和认知，利用阅读技巧与策略提升阅读效率才能够真正实现。阅读教学应该是促进学生在语言知识、语言技能的积累，成为学生语言内化的一个过程。

认知心理学家和教育心理学家们认为，学习者自动识别词语的能力是有效阅读的必备条件之一。[①] 学习者词汇量和阅读效率之间存在着直接的关联。少儿阶段的学生，阅读困难的首要原因是词汇量缺乏导致对词汇不理解。教师需要指导学生通

① 滕妍，姚雯雯．教育心理学理论与实践研究 [M]. 北京：新华出版社，2014.

过阅读学习和掌握生词，积累词汇量，正确地运动掌握的词语，增加主动性词汇的习得，积累词汇在不同语境中的相关含义。

教师要把握好阅读课的知识教学的特征，即掌握好境、义、用。也就是重视具体语境、实际表达的意义、作者用意。语言知识的理解和讲解，需要根据具体的语境来进行整体把握。切忌将阅读课和一般讲读课画上等号，用一般课文的讲读方法：讲解生词、罗列搭配等。这些方法不适宜于阅读课教学，如果强行将这些方法用在阅读教学中，会导致学生无法获得整体分析能力和提取信息的能力。

图式阅读理论认为，阅读过程是读者已有的认知结构和语篇所传达的信息相互作用的过程。① 简单来说，就是阅读者运用已有的语言、文化背景、客观世界等方面的知识，从语篇中获取信息；而语篇中的信息会反作用于大脑，激活、丰富已有的知识。理解文字材料的过程，需要运用到记忆中已经储存的经验和信息。阅读者的图式和阅读材料的图式越相近，阅读理解就越准确，阅读速度越快，阅读的有效性和流畅度越高。举例说明，当学生阅读关于“万圣节（Halloween）”的材料时，如果学生对背景知识并不了解，那么，在阅读这篇文章时，就需要大量的帮助。而有效地激活学生大脑中的已有图式，就能帮助学生提高预测能力，接收英语教学中的外来信息，对这些信息提出相应的对策，调整应对策略并提高理解能力。

所以，在阅读教学中，教师应遵循知识与信息并重的原则，让学生在阅读中积累词汇、学习语言、广泛阅读、扩展自己的文化背景图式，帮助学生增强更有效地从阅读中获取信息的能力。

（四）遵循方法多样的原则

阅读课堂中，教师需要学会“放手”，不能习惯性地控制课堂，干涉并阻碍学生阅读。俗话说“授人以鱼，不如授人以渔”，教师应该是教学的引导者、课堂组织者、解惑者，应该重点教会学生学习的方法，这对于学生的学习来说，比直接的解释者更有效果。

少儿英语的阅读教学中，应该将听、说、写的活动有机结合，提升学生的语言综合运用能力。教师可以创设先听后读、边听边读、读写结合等多种形式，激发学生的阅读兴趣。教学侧重点需要根据学生的认知心理特点不同而不同，低年级的阅

① 姚丽婷．小学生英语阅读理解的引导策略研究 [D]. 成都：四川师范大学，2021.

读教学应侧重于培养学生的阅读兴趣和良好的阅读习惯，高年级应更重视和强化学生的阅读能力与技巧。

不同的阅读材料教学方法是不一样的。少儿阶段的阅读材料以记叙类型为主。结合少儿的年龄心理特点，在阅读的最后阶段，教师可以运用多种手段，将关键信息进行消除或涂黑处理，然后展示出来，帮助学生理清故事线索和重点。阅读教学还应该延伸到课堂之外，鼓励学生在课外进行大量阅读。提高学生阅读速度、增加阅读兴趣，从而更好地掌握并提高阅读技能和阅读理解能力。

二、少儿英语阅读教学的方法

（一）阅读教学的基本模式

1. 自下而上的阅读模式（The bottom-up approach）

自下而上的阅读模式大意为通过理解文字来理解整篇文章。阅读者对材料理解是从较小的文字单位到较大的文字单位，从字母→单词→句子→段落→整篇文章逐渐地解码，达到最后理解全文的目的。

这种模式认为阅读是一个词语解码的过程，阅读者在阅读的过程中逐个词、逐个词组、逐个句子进行解码，最后达到对整个段落、整个篇章的理解。它强调教师在阅读教学之前，需要为学生教授文中的生词以及新的语法结构，认为学生只要掌握了英语语言、词汇和句法的基本知识，再根据基本的英语知识运用这种模式，就能理解阅读材料的内容。这种模式在一定程度上是有作用的，但是，它对语言篇章层次上的语言意义、阅读理解必须有的分析、推断等思维能力、有关的社会文化背景知识都是不够重视的。

2. 自上而下的阅读模式（The top-down approach）

自上而下的阅读模式和上述的阅读模式不同点在于，自上而下的阅读模式强调通过阅读认知图式来理解文章。

“读者在对语言层次的词语进行解码时，同样也在运用自己的知识（事实和社会文化方面的知识、有关阅读材料的知识、文章结构组织的知识、情景上下文的知识等）对文章的下文进行预测，阅读检验自己的预测、修订自己的预测、进行新的预测……整个阅读过程实际上就是读者与文章的交互过程。”①

自上而下的阅读模式认为，在阅读中，最重要的是阅读者的相关经历以及对阅读材料背景知识的了解。在阅读教学活动中，不能逐词逐句地阅读，而是注重激发学生的已有图式，主张调动学生对阅读材料内容，展开积极的思考。这种模式在调动学生思维和主观能动性方面有一定的作用，但是它忽视词句结构、语言知识等其他因素对阅读理解的影响，容易使学生基础知识掌握不好，阅读水平和英语综合运用能力也随之降低。

3. 交互补偿模式（The interactive-compensatory approach）

斯坦诺维奇（Stanovich, 1980）结合自下而上和自上而下的阅读教学模式，提出了交互补偿的阅读模式。② 这种模式认为在阅读中，单词的解码和辨识、阅读认知图式的建构在阅读理解中处于同等地位，都起着重要的作用。它强调阅读者和阅读材料之间的相互作用力，就是说不仅强调阅读者掌握词汇等方语言知识方面的重要性，还强调阅读者掌握相关材料的背景知识，材料中的思想情感之间的联系。

在阅读教学过程中，教师要结合学生的实际情况、阅读材料的具体情况来选择合适的教学模式，以培养学生的阅读能力。要注意，少儿阶段阅读教学不能过于重视词汇和语言训练，否则会让学生感到乏味，从而失去对阅读的兴趣，因为儿童的兴趣点在故事，而不是词汇。同时，少儿对英语语言知识的积累是有限的，阅读也是学生学习语言的一个好机会，必要的语言教学必不可少。所以，在少儿阶段可以考虑以自上而下的模式为主，以自下而上的模式为辅，对其进行阅读教学。

（二）少儿英语阅读教学的基本步骤

1. 读前活动（Pre-reading activities）

（1）头脑风暴。教师向学生展示出阅读材料的关键信息，比如材料的题目、主题图片、材料关键细节等，组织学生围绕给出的信息，来开展“头脑风暴”活动，鼓励学生积极思考，发动想象力，围绕主题畅所欲言，激发学生已有的背景知识，来吸引学生的注意力聚焦于阅读材料当中。

（2）背景介绍。语言具有极其丰富的文化内涵，英语学习中含有多种跨文化的

① 王笃勤．基于生活情境的教学设计 [J]. 英语教师，2010（08）：14-16.

② 慕君．阅读教学对话研究 [D]. 上海：华东师范大学，2006.

元素，这些元素对英语学习和使用来说，有相当大的影响。背景介绍题材较为适合涉及如历史、风俗习惯等富含文化内涵的内容。教师可以运用信息技术手段，如视频、图片、录音等形式，以学生的兴趣为出发点，展开背景介绍，激发学生阅读兴趣，保障学生能够顺利进入阅读状态。

（3）以旧导新。教师在引导学生掌握新的阅读内容时，可以利用过去学过的知识、内容来联系新的阅读内容，词汇、话题等都包括其中，通过复习已有知识来引出新课。这种方法可以用于学生复习、巩固学过的知识，而且在复习的过程中能激发学生的思维能力，主动激活关联知识，为顺利开展阅读活动奠定基础。

（4）设问质疑。教师根据阅读材料巧妙创设问题，激发学生的好奇心，引导学生根据问题来猜测阅读内容，从而能够顺利地导入阅读活动。其中要注意问题需要有一定的挑战性，只有这样，才能激发学生的兴趣。学生比较喜欢一些发散性问题，而不太喜欢聚合性问题，这个特性教师在设计问题的时候需要加以考虑。

（5）任务驱动。结合后面的阅读活动和读后活动的开展，创造性地设计任务活动，但任务活动必须贴近学生实际。让学生通过思考、讨论、调查、合作等方式，学习和使用英语，最后完成阅读学习任务。读前活动能激发兴趣、做好准备，解决学生“想读”“爱读”和“能读”的问题。教师在读前活动准备得越充分，学生在学习时就越轻松愉悦。与之相对的，如果准备活动没有做好，那么阅读课的效果就会受到影响。

2. 阅读活动（While-reading activities）

（1）将事件进行排序。教师事先将文章或者段落的顺序打乱，让学生根据事件发生的先后顺序，对文章或者段落进行重新排列、组合，复原事件的发生过程。

（2）将图文进行配对。学生根据阅读材料中的信息，将图片和相关内容进行配对。

（3）补全信息。教师提供阅读材料，学生根据信息，补全句子或文段中缺失的部分，以加深对课文的理解及对重点词、短语的掌握。

（4）将信息图表化。利用图或表格呈现文章的结构、要点或重要细节。

（5）回答事实性问题。让学生回答基于阅读材料的有标准答案的事实性问题。

（6）回答开放性问题。让学生回答由阅读材料推理、衍生出来的无标准答案的问题。

在阅读活动中还需要注意培养学生的阅读习惯。阅读习惯对阅读的效率起着直接的影响。少儿刚接触英语，没有很好的阅读习惯，这时候需要教师来进行指导。而很多教师往往忽略了对学生阅读习惯的培养，导致很多学生都没有一些好的阅读习惯和阅读方法，如阅读时唇动和低声读、用手指着所读内容、脑袋摆动等，都会对阅读造成不良的影响，导致阅读效率低。

3. 读后活动（Post-reading activities）

开展读后活动一般有两个目的一是学习语言知识，整合阅读技能与其他语言技能，训练学生综合运用语言能力；二是根据阅读材料开展各种思维训练活动，鼓励学生将阅读内容和自己的经历、兴趣等联系起来。常见的方法有以下 5 种。

（1）听音及跟读。听录音跟读，可以训练语音、语调及听力。

（2）复述。根据出示的图片和词语，学生用自己的话复述课文内容，用以巩固和提高学生口语表达能力。复述特别适合故事型阅读材料。

（3）角色扮演。学生将课文内容进行改编，以短剧等形式来表演，巩固、提高学生的口语表达能力。非常适合对话型阅读材料。

（4）仿写 / 续写 / 改写 /。学生在对课文复述的基础上，仿写、续写、改写文章，用以检查学生语言知识应用技能，提高其书面表达能力。

（5）拓展阅读。结合阅读主题，利用可利用的环境、条件资源，如班级图书角、学校图书馆、网络等资源，为学生提供个性化阅读的学习环境，让学生能够根据自身的需求，自主去拓展阅读空间、阅读内容视角等。听和读同属于接受型技能。在开展活动时教师要采取一定的手段，用以检测学生对阅读材料的理解程度，帮助学生将音、形、义结合，逐步发展阅读能力。

（三）少儿英语阅读教学活动示例

儿童天性活泼好动，好奇心强，调动其积极性较为容易，教师在设计阅读活动时要考虑学生的实际情况，如学生自身、家庭、社区等方面的经历，学生个人的心理、年龄特征，以及一些内在的因素。适合少儿英语的阅读活动有很多，这里举一些具体的例子。

1. 基于单词层面的阅读活动

（1）给教室贴标签。给真实物品贴标签的活动，对于刚开始学英语的儿童来说，是非常有意义的。标签可以是教师统一提供，还可以是学生亲手制作。

例如，让学生给教室里的物品贴上标签。当然，贴标签的区域不局限于教室的桌椅、门、窗等物品，还可以延伸到其他区域，像为墙贴上前、后、左、右这样的词语等都是可行的。这种活动通常运用于低年龄段的英语课堂中，让学生把英语单词的书面语和学会的口语对应联系起来。

（2）食物分类。为学生提供一组食物的单词，让其进行分类。比如，这样一组单词：water, meat, milk, banana, apple, potato, tomato, chocolate, chicken, ice-cream, rice, noodle。我们常用的形式是按照食物类别，给它们分类，哪些是饮料，哪些是蔬菜，哪些是水果，哪些是主食，等等。

事实上，还有很多对这组食物进行分类的方式，如让学生以食物是否可以生吃对其进行区分；以食物的温度对其进行区分；以食物的口感对其进行区分；以学生个人对食物的喜爱度对其进行区分等。这类活动对于训练学生的语言运用能力和认知水平能起到积极的作用。

（3）购物清单。教师要首先为学生创设一个任务情境，如告诉学生要去野餐，需要大家为超市购物列出清单。教师可以根据实际情况为学生提供一份超市的商品目录，以供其参考，让学生选出需要的物品，并且以列表、书写等形式将选出的物品记录下来，再分组汇报交流。在这种种活动中，学生不仅可以培养自己的交际能力，还能培养良好的生活习惯，做到有条理、有计划。

2. 基于句子层面的阅读活动

（1）正误判断。将学生分组，进行比赛。教师出示一个很容易判断正误的句子，如“I'm wearing a glass. Today is Friday. It's raining.”制定相应规则，如他们认为这个句子正确就举手，认为句子错误就双手交叉。而后根据每组的正误情况来进行相应的加分和扣分，然后进入下一个句子的判断。

在开展活动前，教师可以将句子准备好，写在小黑板上、做在幻灯片课件中都是可行的，在活动过程中逐一呈现，句子可以是课文中的相关内容，也可以是教师自己写的。但是要注意，教师不能为学生读句子，这样才能训练学生的阅读能力。

（2）图文配对。让学生根据阅读内容，将文字和相应的图片配对连接起来，如把一组关于颜色的描述和图片配对。

（3）纸条指令。准备若干张小纸条，每张纸条上写一个指令，如下所示。

Touch your nose.

Put your pen on the desk.

Colour the tree green.

学生从教师手中抽取一条指令，仔细阅读，然后根据指令完成相应的任务。凡是适合开展 TPR 活动的教学内容也适合这项练习。这种活动能培养学生的阅读能力，同时，能够锻炼学生动手动脑能力，少儿特别喜欢这类活动。其中，句子中的单词不能太难，需要确保学生有足够的语言能力来完成任务。

3. 基于段落层面的阅读活动

（1）过三关。教师自己或者请一位学生，为大家朗读一篇阅读材料，在阅读材料的过程中，需要故意犯 3 个错。错误可以是更改关键信息、替换某些核心单词。学生在听的同时阅读相关材料。在结束后，看看大家是否能够找出错误的地方。这是听读结合的练习，重点在训练学生对材料中细节信息的把握能力。

（2）排序。将阅读材料的段落或者句子打乱顺序，学生通过仔细阅读和分析、整理，将文章进行还原。它旨在对学生的文章结构把握和逻辑思维能力进行训练，适合于有较强内在逻辑关联或先后顺序的材料。

（3）填表格。让学生读一篇阅读材料，然后根据材料完成表 3-1（Table3-1）。

Shopping in a department store

The food is on the first floor.

Mum is buying clothes on the second floor.

Danny is buying toys on the third floor.

Betty can buy many books on the fourth floor.

Table 3–1　Shopping in a department store

ITEMS	FLOOR
FOOD	
BOOKS	
CLOTHES	
TOYS	

这种类型的练习要求学生能够仔细阅读材料，加深对内容的理解，还需要进行逻辑思维的训练。

阅读是听、说、读、写四项基本技能中非常重要的一项输入技能，少儿阶段阅读教学，需要教师选择适当的阅读材料，运用灵活多样的方式来开展活动，在教学中需要注意策略的渗透，培养和提升学生的阅读技能和技巧。

第四节　写作教学

一、少儿英语写作教学的原则

写作作为语言输出的重要方面，是学习、运用英语的综合技能的表现。写作的过程就是学生综合运用语言能力的体现，就像学生哪怕是正确地写出简短的一句话或者一小段的文字，都需要在语言的音和形、口头语言和书面语言之间建立联系，判断口语和书面语之间的不同之处，思考不同的句型、表达方式和选词造句等，通过复杂的思考、组织、修改、判断等，才能够最终呈现出句子或文章。这个过程中，对学生英语综合语言知识和写作能力都进行了一系列检验和巩固。综合来说，写作就是语言学习活动的重要组成部分之一。那么，影响学生写作能力的因素有哪些呢？

马广慧、文秋芳（1999）认为："母语写作能力、英语知识和能力对英语写作能力产生系统的影响。其中，直接影响因素是表达知识和能力，而不是理解知识和能力。"①

还有一些学者认为，对英语写作能力产生间接影响的其他因素包括英语领会型词汇水平、英语阅读能力、领会型语篇知识、英语听力能力等。②

（一）遵循以兴趣为先导的原则

少儿英语教学中写作教学一直是一个教学难点。困扰少儿英语教师的主要问题包括学生怕写作文、写作教学难教、教学效果差等。少儿阶段写作教学，除了对学生进行写作方法和写作技巧的指导，其实，最重要的是激发学生的写作动机和写作兴趣。

① 马广慧，文秋芳．大学生英语写作能力的影响因素研究 [J]. 外语教学与研究，1999（04）：34-39+78.
② 沈娴．小学高年级英语写作教学调查研究 [D]. 淮北：淮北师范大学，2021.

很少会有学生天生就对写作感兴趣，大多是靠教师后期的引导、培养、保护才能真正地形成和发展。教师要着重注意，写作教学中不能对学生要求过高，这些会对学生造成过重的心理压力，使他们产生焦虑感，写作的兴趣就不用提了；严重的会产生反作用力，可能会出现越没兴趣越学不好，越学不好越没兴趣的恶性循环。这需要教师运用自身的智慧，激发和调动学生的写作兴趣。兴趣是最好的老师，它通常伴随着愉快的情感体验。当学生对写作有了兴趣，就会用心去写，才会写出好作文。

根据少儿的年龄、心理特点、认知水平，他们对贴近自己生活实际的话题和事物最感兴趣。少儿阶段的话题有十几种，都是贴近学生的实际生活的，深受学生的喜爱，话题包括个人情况、家庭与朋友、身体与健康、学校与日常生活、文体活动、节假日、饮食、服装、季节与天气、颜色、动物等。教师在设计写作主题或任务时，可利用的写作题材和体裁极为广泛。

教师应该立足于学生的兴趣点，运用多变有趣的写作形式，创设轻松的写作氛围，发挥学生的创造性、积极性，让学生产生写作的兴趣，最后能“爱上”写作。当学生真正从写作当中体验到了乐趣，取得了进步，那么他的写作欲望也会随之增强，进步就会更大。

（二）遵循多维互动的原则

写作是一种互动活动，没有交流，就没有写作。①

1. 写作是作者和读者之间的互动

作者通过创作表达出自己所思、所想以及真实情感。读者通过阅读作品，去尝试了解写作者创作的目的，理解作者的情感，将自己置身于作者创设出来的美妙世界，和作者产生共鸣。

2. 写作教学是师生、生生的互动

教师通过师生互动来调节课堂的氛围，为良好的师生关系创造条件。师生互动中，教师做好启发和引导的工作，让学生通过积极开展分析、概括、推理等有效的思维活动，培养学生的思维训练、主体意识、创新意识、创新方法、创新能力。

写作教学的过程中，教师可以提供给学生较多的彼此讨论、交流的机会，“议

① 屈光涛．中学英语课堂书面互动教学研究 [D]. 武汉：华中师范大学，2007.

题说题”“互相修改”“成果展示”“反馈评价”等多种环节，可以在同伴、小组或全班开展。鼓励学生合作交流、相互学习，在这些过程中相互启迪、共同提高。

3. 写作教学应当是听、说、读、写四项技能的互动

听、读是输入，说、写是输出，没有输入，就没有输出。[①] 所以应该将听、说、读、写有机地结合起来。写作活动中的写前活动和写后活动，都离不开听说和阅读。写前的讨论能激发学生的创作灵感，写后的互评互读活动，可以促进学生的阅读和听说能力提升。一堂好的、生动的写作课一定是听、说、读、写的综合运用。

（三）遵循循序渐进的原则

写作教学的过程中，同样可以像阅读教学那样，可以从母语的学习经验中，获取大量有益的经验和技巧。可是，要求学生能在短时间内，写得出一段或者一篇文章是不现实的。教师需要针对学生的实际水平，对其进行有目的、有计划、循序渐进的指导练习写作，针对不同的学生采用不同的训练方法。

展开来说，低学段的学生由于词汇积累较少，英语水平较弱，写作活动就会相对简单一点，多半在听、说、读的基础上，看图写词、绘图写词、做卡片等。中学段的学生着重于培养写作兴趣和写作习惯，可以开展的写作活动有新单词配图、句子摘抄做单词卡等。高学段的学生逐渐进入规范写作，按照课标的要求，根据图片、词语或例句的提示，写出简短的语句。

（四）遵循合理反馈的原则

由于中英文化背景的差异，学生在学习英语时的思维方式、写作的角度、写作方法、写作用词等，都和母语学习的方式有一定的差异，我国学生在学习英语写作时，很容易出现错误。在传统的教育环境中，教师给学生批改作业都会将作业划分等级，或者量化，儿童心理承受能力较弱，在得到教师的作业批改意见后，对于没有取得理想成绩的学生来说，是大受打击的。研究发现，有建设性的、鼓励性的反馈，有助于培养学生对写作的正确态度。[②]

对待学生在作文中出现的错误，我们也不可能不将其指出来，在指出来的同时还不能打击学生的自信心，那我们究竟应该以什么样的态度来处理学生在作文当中

① 梁健稳．如何提高学生的英语写作水平 [J]. 考试周刊，2014（34）：111-112.

② 傅樊．小学英语教师课堂反馈对学生英语学习兴趣的影响研究 [D]. 武汉：华中师范大学，2019.

出现的错误呢?

我们可以将学生在作文中出现的错误分为两种：一种是控制性错误（controlled errors），另一种是非控制性错误（uncontrolled errors）。控制性错误是指围绕当次课堂中的主要内容而出现的错误，是需要严格控制的，尽量避免学生犯这样的错误。非控制性错误是当次课堂中出现的和主要教学内容没有直接关系的错误，这种错误是允许出现的，可以不加控制。举例来说，在学完现在进行时之后，学生仿写句子时经常出现 I'm doing swimming.He is doing running. 这种错误就需要以恰当的方式来进行纠正，让学生知道正确的写法是 I'm swimming. He is running. 当学生在练习中出现了 I'm playing basketball. 这种类似的句子，其中的单词 basketball 拼写出现了错误，那么，这就是非控制性的，教师可以用缓和的方式来提醒，而不是直接对其纠正，比方说在这个单词小面做一个标记，加上一个“s”，指引学生这是一个拼写（selling）错误，让学生自己进行修订。

在作业反馈中，我们需要善于运用多种方式，表扬学生的优点，增强其自信心；在纠正其错误时，需要运用让学生更容易接受的间接、委婉的方式。例如，在讲评学生的作文时，教师可以以记名的方式来表扬写得好的句子或段落，以供大家参考学习；而对于典型的错误则要以不具名的方式，带领全班一起进行修改。注意在批改作业时，教师应该做到意义与语言并重。重点关注是如何传达有意义的信息，以及关注学生的创造性，不能只关注语言训练、每个单词和语法的正确性。

在实际教学中，还能组织和开展生生互评、学生自评等活动。简而言之，及时、合理的反馈对激发学生写作欲望，提高写作能力有很好的效果。

二、少儿英语写作教学的方法

（一）少儿英语写作教学的基本模式

1. 注重结果的写作教学模式（Product-focused writing approach）

它以行为主义理论（Behaviorism Theory）为基础，认为教学过程通过教师激励，引起学生做出反应的过程，着重于写作成品，强调语言的正确性。该教学模式注重于语法、句法、词汇、拼写等句子层面的教学，操作步骤主要为教师命题→学生写作→教师批改。这是一种较为传统的教学方法，是单向的交流模式，让学生通过阅读别人的作品，进行仿写为主。

这种模式忽略了学生在写作前、写作过程中、写作后学生主观能动性的作用，将学生的学习环境圈了起来，忽视写作的内容和写作的过程，让学生的写作缺乏动机和真正的交际目的，再加上自由创造的空间有限，最后呈现出来的结果也达不到令人满意的效果。

2. 注重内容的写作教学模式（Content-focused writing approach）

这种教学模式注重写作素材的收集。教师主要在指导、帮助学生从不同的渠道获取信息，教学的重点是帮助学生准备写作，丰富其写作内容。操作步骤主要为：收集信息→学生写作→修改作文。重点在第一个环节收集信息，教师给学生布置任务或作业，学生带着任务或者问题去阅读、讨论、交流、收集相关资料，然后将收集到的资料或信息进行汇总。最后两个环节都是在教师的指导下完成的。

该模式让学生在阅读的基础上开展写作，让学生能巩固学过的知识、开阔视野、丰富写作内容、提升阅读水平等。与此同时，这种方法对学生的阅读能力和语言水平要求较高，不适用于语言和能力水平都相对偏低的少儿阶段。

3. 注重过程的写作教学模式（Process-focused writing approach）

该模式以交际理论（Interactionist Theory）为基础，认为写作是一个循环式的认知心理过程，写作的过程实际上就是一种群体间的交际活动。侧重于关注写作过程，这里的过程包括写前准备、写作阶段和修改阶段。将学生以及学生的需求当作师生间交际活动的中心。

教学的重点在培养学生写作过程中的认知能力和策略运用。不仅重视结果，更重视过程。强调学生在完成某项写作任务的过程中，怎样去处理各个阶段出现的问题；强调对学生的作文进行阶段性的分析评价，从中发现其发展进步的历程；强调以学生为中心，提倡学生根据作文选题的需要，自行收集相关资料；强调学生的合作交流，倡导通过小组活动，让学生之间能交流和沟通，互相修改文稿；强调师生的互动，提倡师生间进行意见交流。操作步骤主要为审题（examining the topic）→议题（discussing the topic）→起草（drafting）→自查修改（self-response and making revisions）→征集意见再修改（getting response and revising again）→审阅把关（checking and approving）→成果展示（sharing or presenting）→反馈讲评（giving feedback）。

（二）少儿英语写作教学的基本步骤

1. 写前活动（Pre-writing activities）

（1）明确目的。教师首先需要帮助学生明确写作的目的，如汇报、描述、记叙、陈述等。还可以提示学生考虑潜在读者的情况，如谁是读者？在怎么样的情况下看到这篇文章的？阅读者读这篇文章的目的是什么？让学生知道写作的目的，以便采用相应的写作方法。

（2）主题导入。少儿阶段教学导入可以以生动活泼的形式来展开。例如，教师可以通过讲故事来引出主体，或者让学生阅读一篇相关的材料，还可以给学生播放一段音乐、视频等，让学生在音乐或视频中感受和设定故事大概，然后进行创作。

（3）头脑风暴。教师展示写作的题目或主题图片等关键信息，组织学生以给出的信息为中心，开展“头脑风暴”活动，鼓励学生围绕主题畅所欲言，先用口语进行表达，再将说出的相关的单词、句子写下来。这种活动的目的在于让学生运用已有的知识背景，来激发其写作欲望，对于学生在写作中的语法正确性不过于深究，学生可以在正式写作中对其进行完善和修改。

（4）范例呈现。少儿阶段的写作活动必不可少的就是呈现和分析范例，可以为学生呈现一篇准备好的范例，引导其进行分析，让学生对写作的目的、主题、格式和叙述的逻辑等，构建一个简单明了的认知架构。在时间允许的情况下，教师可以现场完整地示范一次写作的过程，让学生更为直观地学习怎样写作。

（5）写法指导。教师还应根据写作的具体内容，为学生提供清晰的写作方法指导。

（6）素材提供。少儿语言能力有限，在写作之前，应该为其提供大量的相关词汇，以及在写作中可能用到的时态和句型结构。在条件允许的情况下，可以提供一些资料或工具书。资料形式多样，可以是图片、书、杂志、电子版材料、印刷材料等，当然，提供字典等工具书时，要确保学生已经掌握了使用这些工具书的方法。

综上，写前活动主要目的在激发动机、学习知识、做好准备，用以解决学生“想写”“爱写”和“能写”的问题。充分的写前活动能为学生正式写作奠定基础。

2. 写作活动（While-writing activities）

（1）单词训练。单词写作训练要做到情境性、目的性和趣味性的兼顾。可以给学生创造一个活动情境，让学生带着目的去书写单词，比如，在阅读完一篇短文后，在当中填入核心词语。这类活动简单有趣，学生能从中很快获得成就感和满足感。

（2）句子训练。句子层面的训练应循序渐进。从仿写句子，到组合句子、扩写句子等有挑战性的活动，最后让学生自由发挥练习造句。

（3）语段仿写。根据一段短文，学生在不改变原有主题和短文结构的情况下，更换一些其他要素进行仿写活动。重点在训练学生的写作方法和格式。

（4）对话改写。对话改写活动可以分为两种：一种是不改变原有主题和对话结构，少量更换人物、时态或其他要素，进行仿写，改写难度较小。另一种是对文体进行改写，将对话改写成一段短文或文章，或者根据一段短文改写对话，这种改写难度较大。对学生的要求较高，需要对文章结构和文体特点都有较好的把握。

（5）故事续写。根据故事情节学生对其展开想象，为故事结尾进行续写。这个活动要求学生对原故事的结构、情节、语言等都有较好的把握。

（6）看图写作。根据提供的图片，对图片内容展开想象，进行小故事、小对话等的创编。

（7）话题写作。根据教师给出的主题，大胆展开想象，进行小故事、小对话或小短文的创编。

（8）特色写作。根据教学内容，开展制作贺卡、海报、展板等特色写作活动。

少儿的年龄特点及其身心发展规律，决定了其想象力丰富，乐于分享，语言表达能力有限等特征，这对于开展写作活动来说是一个非常矛盾的存在。教师在教学上要注意一定要循序渐进，让学生围绕熟悉的话题和内容写，语言以模仿为主，避免学生由于语言的局限而“乱表达”和“硬表达”。

3. 写后活动（Post-writing activities）

（1）修改和完善。很少有文章是一蹴而就的。很多优秀的文章都是经过作者反复的推敲和修改才呈现在我们眼前的。修改本身就是写作活动的一个重要环节。教师在指导学生进行文章的修改和完善时，应该给出明确的修改标准或提示，如下所示。

文章是否符合规定的主题？有没有跑题现象？

文章是否有标题？标题是否恰当？

文章的结构是否清晰明确？（文章的结构是否遵循了范例？）

文中是否有语言错误？标点符号、大小写、单词拼写、书写、句型、时态等是否都正确？

文章的字数是否符合要求？

修改的方式应该是灵活的，可以是教师阅读学生作文，提出修改意见，学生自行修改；也可以让学生对照修改要点，进行自我检查修改；也可以采用小组活动的形式，让学生相互之间交叉阅读，提出修改意见，相互修改或本人修改，将修改环节也变成交流和相互学习的过程。

（2）作文评价。当学生的作文最终定稿后就可以进行正式的评价了。评价标准需要对照修改时给出的标准来进行相应的评价，可以由教师、同伴、小组来评价。评价时注意语言和意义并重，首先评价文章内容，其次才是评价语言；首先要对学生写作时表现出的想象力和创造力进行鼓励，其次才是帮助学生改善语言表达的能力。评价方式最好是采用简单的等级评价加描述性语言评价的方式，比如，等级：A，本文结构清楚，故事生动有趣，非常好！ Excellent!

（3）成果展示。展示环节是让学生真实感受写作目的的好时机。展示方式可以灵活多样，教师可以将学生的作文装订成册，让班级学生之间相互欣赏和交流，开展自主性学习；也可以将学生的作文做成展板，放在教室或走廊里供大家学习交流；或是鼓励有条件的学生利用网络平台发布自己的作品，扩大受众面，进一步激发学生的自信心。

（三）少儿英语写作教学活动示例

1. 基于单词层面的写作活动

（1）趣味单词接龙。教师给出任意单词，学生顺着这个单词的第一个字母或最后一个字母接单词，看学生能接多少个单词。可以让学生独立完成，也可以分小组进行比赛。例如，给出单词：tall。

从首字母往前接：cat, picnic, top, foot.

从最末字母往后接：love, elephant, tiger...

（2）词中词。教师给出任意单词，学生用这个单词中的字母组成其他单词，看能组出多少个单词。可以让学生独立完成，也可以分小组进行比赛。例如，给出单词：teacher。

能组成的单词有：at, he, tea, eat, the, her, are, rat, hat, cat, hear, tear, hate, heat, cheat, teach 等。

2. 基于句子层面的写作活动

（1）Silly Sentence。先让每个学生准备一张小纸条，再将学生分为四组，每个组安排不同的任务。例如，让A组的学生在纸条上写下一个英语的名字“who”；B组的学生写下一个动作短语“what”；C组的学生写下一个地点状语“where”；D组的学生写下一个时间状语“when”。然后将各组的字条分别放到4个盒子里面。每个组选出一个代表，分别从4个盒子里抽取一张字条，根据字条的内容来组句，将组出的新句子写出来，展示给全班。可能句子没有什么实际意义，但可以利用这个活动练习句型，而且学生很喜欢这些滑稽的句子。如下所示。

Who：Sam.

What：dancing happily.

Where：on the top of a tree.

When：last night.

New sentence：Sam is dancing happily on the top of a tree last night.

（2）制作班级公约。教师组织学生就英语课堂行为规范展开讨论，最后制定班级公约。可以让学生把自己的建议逐条列出来，写在纸上，如“We can talk about the text.We can’t eat food.”然后对这些建议进行汇总，选择部分建议写在大白纸上，贴在教室里作为班级公约。

3. 基于段落层面的写作活动

（1）漫画配文。教师找一些学生喜欢的、有趣的图片，复印下来，让学生根据对漫画的理解，给图片配上相应的文字。

（2）故事接龙。活动可以在四人小组中开展。教师为四人小组提供如下一张练习单。

小组中的第一个人独立完成第一句话后，将这句话叠起来不让别人看见，然后交给第二个人继续写，第二个人完成后也把纸叠起来，再交给第三个人。以此类推，直到完成全部内容。大家再把故事展开，一起阅读，对小组的故事进行比较，看哪一组的故事写得更好。教师还可以鼓励小组，在已有故事基础上进行一定的修改，呈现一个更好的故事。

英文写作，需要经过一个长期复杂的训练才能达到理想的水平。教师要以学生的实际情况为出发点，遵守由易到难、循序渐进的教学原则。在学生交互、师生交互的写作过程中，激发学生的写作欲望，培养学生的写作兴趣，训练学生的写作技巧，培养学生的写作能力。

案例一

教学内容：复习巩固介词 in, on, under 的用法。

相关说明：这是在学了 in, on, under 3 个介词后，对这 3 个介词进一步巩固的教学活动；教师也借此活动复习曾经学过的一些实物类单词，如文具、水果等。

教学对象：二年级学生。

教学过程：1. 教师给每个学生发一张餐厅的大图片及数量不等的碗、食物等小图片，请学生分别朗读这些单词，然后讲解活动要求，要求学生根据教师的描述把物品放到相应的位置。

2. 教师用略慢的语速朗读课文："This is a kitchen. It's big and clean. There is a big table in the kitchen. On the table, there is a big plate. It's very nice. Oh, I can see two apples and a banana on the plate. There is a big bowl on the table too. In the bowl there is some ice-cream and a spoon，Oh, I want to eat the ice-cream. What's that under the table? A toy dog. It's so cute!"

学生根据教师的描述，将相应的图片放到正确的位置，而后教师用正常的语速读一遍课文，学生进行检查核对。

3. 教师第三次朗读课文，同时在黑板或课件上逐步摆放物品，展示物品的正确摆放位置，学生核对答案。

4. 教师呈现相关句型：There is/are...in/on/under...I can see...in/on/under... 请学生对图片进行描述。

【案例分析】这个活动中，教学层次清晰，听前活动、听中活动和听后活动目标明确。听前准备阶段，先请学生朗读单词来激活学生对已有知识的回顾，这样，学生在听录音的时候，就能在抓住关键信息的同时，快速地找到相对应的物品；在第一次朗读听力短文时，语速略慢，能给英语较弱，或者学习能力不是很好的学生一个接收信息的缓冲时间，来找出重点信息并摆放物品，兼顾了各个层次学生的学习情况；读第二遍短文时，语速正常，是为了让学生进行自我检查和修改，相对第一次活动难度要低，所以不用再放缓速度，体现了听力教学循序渐进的教学原则；

核对答案后呈现句型，鼓励学生对图片进行描述，采用了听说结合的教学方式，把语言输入变成学生的语言输出。

案例二

教学内容：复习如何用 be 句型、can 句型和 like doing 句型介绍别人，同时学习句型 Who is he/she?

相关说明：本单元围绕“家庭成员”这一话题展开。学生在一、二年级也已初步学过 be 句型、can 句型和 like doing 句型。上一课时学生已经学习了本单元的核心词 sister, brother 并能用 He/She is 介绍别人。

教学对象：三年级学生。

教学过程：1. 教师呈现自己的照片，并提问 Who is she? How is Jenny? What can Jenny do?What does Jenny like doing? 学生回答后逐句呈现答案，最终形成一篇介绍教师的语篇。

This is Jenny. She is tall and thin. She can cook and swim. She can play pingpong too. She likes reading and writing. She likes eating ice-cream too.

2. 教师出示 4 个段落，内容为介绍自己家人的，学生独自阅读。告诉学生教师手中有很多照片，需要学生找出哪个是和教师有对应关系的家人，教师在黑板上写上 Who is he? 然后逐向学生展示家人照片，学生根据文本的描述回答：“He is your father/elder brother/ younger brother. She is your mother.”教师根据文本将照片拖到对应的文本旁边。

3. 教师边说边手指板书 Who is he/ she? 请学生跟读。然后展示一些学生家人照片，问学生：“Who is he/ she?”该学生起立说：“He/ She is...”

4. 教师介绍虚拟人物 Bobo，并示范 Bobo 提问 Peter 的家人的儿歌。然后教师替换 Peter 为其他人物，让学生两人一组模仿教师的示范，用儿歌的方式进行问答。

5. 教师呈现两张全家福照片，简单示范用 be, can, like doing 来描述人物，并将语句逐渐板书在黑板上。

He/She is...

He/She can...

He/She likes doing...

Who is he/she?

请学生两人一组相互玩猜谜游戏，然后教师请部分学生展示自己的谜语，其他学生猜测。

【案例分析】整个教学环节分为 5 个，第一个环节中，教师利用了学生对教师生活状况的好奇心，将自己变为教学资源，激发学生学习积极性的同时，又让学生整体感知了语篇是怎样的情况，而这个语篇就是这节课的教学目标之一，即“复习用 be 句型、can 句型和 like doing 句型介绍他人”。

第二个环节中，教师将自己家人变成了教学资源，进一步调动了学生的学习积极性。通过让学生静心阅读的方式，再次对照目标让学生进一步理解了句型，将文本和照片对应的同时，自然地教授句型 Who is he/ she? 有了具体的语境支撑，学生对该句型的理解更加深刻。

第三个环节中，教师将学生的家人变成了教学资源，学生的兴趣得到很大程度上的激发，通过一问一答，巩固了句型 Who is he/ she? He/ She is…真实的语言交流增进了学生之间的相互了解。

第四个环节中，教师通过对儿童心理特点的了解，编撰了符合他们年龄的虚拟人物 Bobo，学生在感到意外的同时又非常感兴趣，学生就非常愿意参加语言活动了。用富有节奏感的儿歌形式来操练句型，锻炼学生节奏感的同时，再次帮学生复习了 family tree。

第五个环节中，教师通过示范和板书，引导学生以什么样的角度、方式去用语言描述一个人，帮助了学生提高自己的语言输出有效性。猜谜活动增加了活动的参与面，让所有的学生都能有机会表达和练习，展示活动能让教师了解学生的学习效果，为下节课的教学开展了解情况。

整个教学过程中，教师始终注意激发和保持学生的学习兴趣，通过利用可利用的信息资源，整合了教学内容，巧妙地使学生的学习兴趣维持在一个积极的状态，学习氛围轻松愉快，让学生能没有心理负担，敢于开口表达。

教师将任务型教学模式和 3P 教学模式结合在了一起，顺利地完成了教学。采用任务型教学模式完成了第一个目标，在任务前阶段，教师通过师生问答的方式，来复习巩固旧知识，初步感知如何从 3 个方面对某个人进行描述；任务中阶段，通过阅读认识教师家人及新语言知识的学习；任务后阶段，通过猜谜游戏运用所学的语言知识，进行语言输出。整个教学过程中，对学生进行了新知的教学和说、读技能的培养。采用 3P 教学模式完成第二个目标，创设了 Jenny’s happy family 的情境，展现句型 Who is he/she? 通过 Quick response 和 Chant 对 Who he/she?He’s/She’s... 进行机械训练，最后通过 Guessing game 进行语言的运用。

案例三

教学内容：故事（Naughty Ginger）。

相关说明：教师对故事进行了重构，以增加故事趣味性，改编部分学生学过的儿歌、歌曲和对话，让教学内容能反映出猫咪 Ginger 在不同情况下的心理活动，添加了故事角色之间的对白，来激起学生学习的兴趣。

教学对象：二年级。

教学过程：

1. 读前活动

教师用卡片来呈现 cat, fish, table, chair 等相关单词，然后向学生提问 What can you see? 学生通过对卡片进行认真的观察，用 I can see a cat, a table... 的句型回答。教师告诉学生，今天要学习一个猫咪 Ginger 的有趣故事。

2. 阅读活动

（1）教师提问：Please guess.What’s in the room? 同时呈现 There is...in the room. 学生猜测。猜测完成后，教师呈现句子：There is a table and a chair in the room. 全班齐读。

（2）教师提问：It’s lunch time. What can you see on the table? 学生猜测。猜测完成后，教师呈现句子：There are two bowls on the table. 全班齐读。

（3）教师继续提问：Wow!Two bowls.But, what’s in the bowls? 同时呈现提示句型：There is...in the bowls. There are...in the bowls. 学生同桌之间两人讨论，随后，请部分学生交流讨论结果。教师呈现句子：There are two fish in the bowls. 请个别学生读。

通过问题和猫咪的歌声（Fish big, fish small.Fish nice, fish yummy.Fish, fish, I Love you.Fish, fish, I love to eat.）引出 Ginger, 请全班模仿猫咪唱歌。

请学生讨论 Ginger 怎样才能吃到鱼，然后呈现叙述性语句 Ginger is on the

chair. 全班齐读。

（4）教师呈现 Ginger 的话语：Jump, jump, I can Jump.Jump, jump, Jump very high. 然后请个别学生上台来模仿 Ginger 做动作，全班学生朗读 Ginger 的话语。

（5）教师提问：What happens? 呈现图片及语句：The bowls are on the floor.The fish is on the floor, too. 请个别学生朗读，然后全班齐读。

（6）同桌两人分别扮演 Ginger 和 Sam 进行对话和表演。

（7）请学生整体听一遍故事，然后把图片打乱，学生对故事重新排序。

3. 读后活动

（1）教师播放录音，请学生逐渐跟读模仿。

（2）教师逐张呈现图片，请全班学生朗读。然后请个别学生尝试朗读，如有困难，教师给予帮助。

（3）把学生分成三人小组，分角色朗读故事。

（4）请三人小组分角色表演故事。

【案例分析】这个案例体现了适切取材的原则。难度适中，且阅读材料通过重组，让学生一直保持在一种对阅读感兴趣的状态，更好地激发学生的阅读兴趣。重组后的情节发展有了悬念，故事本身也更具有完整性和趣味性，故事内容也更加生动完善，语言更加丰富，为阅读教学开展做好了充分的准备。

教师按照读前、阅读和读后三个步骤来组织实施教学。

读前活动中，教师采用了“以旧导新”的方式，将新内容中已经学过的知识进行复习，而后引出新课程。读前活动生动有趣，让学生在复习旧知识的同时，激活关联新的知识，为后面阅读活动奠定基础。

阅读活动中，采用了“提问→讨论→朗读→练习”的教学方法。引导学生积极思考，为学生加深对故事内容和故事语言的印象。这也是我们常用的预测教学方法。让积极回应的学生始终维持在一种积极思考的状态，这个学习过程相当积极有效。要求学生反复地、有感情地、多种形式地朗读，提高学生整体认读能力的同时，提高学生对 Ginger 心理状态的变化的感悟，跟随 Ginger 一起体会各种情感。最后的排序活动可以有效检测学生对故事的理解程度。

读后活动中，听录音跟读训练了学生的语音、语调及听力。角色表演更进一步地激发学生对于故事的兴趣，培养学生的口头表达能力。

通过本章对少儿英语四项基础技能的分析，我们可以思考以下问题：听、说、读、写四项技能之间有什么样的关系？设计听力教学活动时，教师应该关注哪些方面？小学适合用全英语组织课堂教学吗？为什么？有什么办法可以帮助学生克服害羞心理，愿意积极参加口语活动？阅读教学和写作教学的原则和步骤有哪些？哪些阅读教学活动和写作教学活动适合大班教学？如何理解教学中听、说、读、写四项技能的综合运用的？

希望通过这一章对少儿英语四项基本技能的分析，教师或教育工作者，能对少儿英语教学有新的思考，在今后的教学过程中能有新的认知和方式方法，更好地培养学生英语语言能力。

第四章　少儿英语教学模式

在少儿英语教学中大多数教师非常注重英语在课堂中的使用情况，学生外语沟通能力是语言教学重要任务之一。在课堂教学过程中，教师通常会借助大量的教材资料来提高学生的语言沟通能力。以下主要对少儿英语教学视、听、读、写以及故事化教学进行全面化的理论阐述。

第一节　图片教学

图片教学适用于大多数的少儿英语课堂教学，英语教师借助图片的形式可以激发学生活跃性思维，集中注意力，使学生快速进入英语学习状态。

一、语言课堂中的图片（简笔画）使用的关键性问题

教学课堂实践中大部分教师采用图片教学方法主要是因为少儿对于图片的感知度较高，丰富的图片信息可以激发少儿想象力，少儿通过想象力延伸，从而培养少儿初期语言兴趣。

（一）为什么使用图画（简笔画）

图片在课堂教学具有潜在性特征，丰富的图片信息能激发学生思维活跃性，学生可以通过图片信息对知识进行推论和预测，同时，学生还可以围绕图片信息展开讨论，从而增强学生语言交际能力。图画专门用于激发兴趣动力，提高语言理解力，提供特别参照物和话题 4 个方面。

（二）5 个基本标准

图画教学对任何学业阶段的学生来说都具有重要意义，在某种程度上它还可以作为衡量教学活动实用性标准，总体而言，无论课堂教学运用怎样的方法，其最终指向的目标任务就是帮助学生理解知识信息，实现自我价值的提升。

图片教学包括以下 5 个标准，通过参考标准对教学活动具体实践做出针对性的行动指引，观察教学行为是适合正常练习还是适合游戏锻炼。

1. 易于准备

要考虑图片教学实践的准备过程是否存在一定难度，考查在有限时间内形成的教学成果能否多次运用到不同班级的课堂教学中，侧面反映准备的教学成果是否存在实践价值。

2. 易于组织

要观察教学活动是否存在组织困难，在通常情况下，教师会采用花费时间和精力最少而教学效果最好的研究成果进行普遍性组织教学。

3. 有趣味

教师要注重收集学生对教学活动的意见反馈，考查学生对教学内容是否感兴趣，当然，教材课本往往会出现两种情况：一种情况就是它本身就具有趣味性，另一种情况就是它会有一些理论化，如果在教学活动中，教师和学生对教材课本内容如果都一致认为其比较枯燥，那么就应考虑如何在教学活动中加入有趣的内容。

4. 有意义且真实

这项活动主要指教师在进行教学活动时应该思考活动是否对学生产生价值，并让学生置身于实际情境中，避免假大空的教学形式，全方位考查学生在实际教学情境中的反应，把握教学节奏，最大限度地发挥活动价值。

5. 充足的语言材料

这项活动需要思考的是在教学活动中语言材料的提供是否具有丰富性，以及语言材料在课堂中使用频率的评估。

以上所提到的 5 个标准是具有包含意义的，完全可以应用于任何阶段的教学活动。

（三）观察语言的 5 种方式

图画可以作为参照物或话题来丰富教学内容，以下通过观察语言的 5 种方式来体现其价值特征。

1. 句子结构

下面例子强调结构。

The boy is running across the street.（现在进行时）

She’s carrying a stick.（主语动词宾语）

Is it raining?（疑问）

2. 词汇

Modern, clean, quiet, suburban, residential（描述居住地的不同的词汇）

old man, young, girl, boy, teenager, baby（描述人的不同的词汇）

3. 功能

Would you mind helping me cross the road?（委婉请求）

Double-deckers are buses with two floors.（描述事物）

1 like parks in cities.（表示喜欢与不喜欢）

4. 情景

下例为描述场景。

This is a street scene. There is a boy running across the road, who is probably about eight years old. There is also a teenager, who is wondering what to do. There is a bus coming and there is a lot of traffic behind it. If the bus driver stops suddenly there could be an accident, but if he doesn’t stop he might run over the boy.

下列为情景对话原文。

Teenager：Look out！

Old man：You shouldn’t let him play about on the road.

Teenager：I didn’t. He just ran into the road.

Old man：It’s your fault.

Teenager：I don’t know him. I’m a visitor here.I’ve only just arrived！

下例中没有原文的角色对话，由练习者自由发挥。

（*Squealing of brakes*）（急刹车声）

Teenager：

Bus driver：

Old man：

5. 技能训练

以下列举的相关案例可以帮助学生大胆地进行语言沟通，并能在真实情境中达到语言技能的熟练运用。

听的能力：锻炼学生听力思维的延伸，通过听取实践情境中他人的述说信息再对其听取的内容进行认知判断，同时将整理出的错误信息进行及时更正。

阅读能力：锻炼学生阅读分析能力，可以借助不同的参考资料，让学生阅读参考资料后罗列出其差异性内容的表现。

写的能力：锻炼学生以第一人称的视角写出一篇材料。

说的能力：锻炼学生借助记忆联想对印证性图画内容进行阐述，表现出教师使用的图画对学生产生的深刻程度，在学生阐述中了解他们的语言辩解能力。

借助图画的教学形式对教学本身具有重要意义，以上罗列的实际情景案例可以应用于大多数的教学活动，也就是通过不断实验才能反映出怎样的图画形式才能够帮助师生理解课程内容。

（四）至关重要的活动

学者皮特 · 科尔德在很久之前就为我们区分了图画实际运用，区分内容包括“谈论图画”和“用图说话”，通常情况下，我们课堂教学内容倾向于图画描述，对图画潜在价值的思考力度还尚待提升。学者皮特 · 科尔德对图画进行区分工作的目的就是呼吁我们辨析不同图片信息内容所具备的潜在价值，真正理解图片作为参考性目标而存在的意义。

例如，看完埃菲尔铁塔这幅画，然后提出问题：“你登上过埃菲尔铁塔吗？”（Have you ever been up the Eiffel Tower?）“你害怕登高吗？”（Are you frightened of high places?）有关个人对图画的反映的问题比起客观描述更有趣味：“这是埃菲尔铁塔，它很高。”（This is the Eiffel Tower.It’s very high.）

在对图像作用进行区分后，学者皮特 · 科尔德又引述出“信息差”概念，信息差的概念主要阐述我们对同一信息所表现出的不同理解力，这一概念在教学活动中具有重要意义。当然，我们在补充“信息差”时，要注意从理性的角度出发，找准差异化信息的平衡点，在差异化信息中求同存异。

（五）图片（简笔画）与组织课堂教学

近年来，教学方法的创新最具成效的体现就是开展课堂活动。课堂活动的组织和实践过程都引起了学生的高度关注，在活动中学生既收获了丰富的理论知识，也获得了自身交际能力的提升。在众多课堂活动中，图画是语言课堂最具典型代表的活动形式，它可以激发学生的求知欲，帮助学生安排语言结构，提供参考并能帮助规范教学活动。

实现课堂组织教学质量的提升离不开两个关键因素：第一就是学生要了解应该进行实践的内容是什么，第二就是要了解自身是否具备做相关内容实践的语言能力。

例 1：游戏的过程中，一个人在程序中作图，然后其他人对所画图像进行猜测，通过不断验证获取图片内容的真实信息。

例 2：选择一个同学对所提供的信息进行大致了解，然后让其对先前所提供的信息进行回忆，其他同学对他描述的回忆内容进行核对。

为了展现活动的最佳效果，可以让学生在活动参与中形成圆圈式排列，这样可以使教师清晰地观察每个学生在活动中的表现。

例 3：向学生展示一幅模糊的图画，让学生讨论对图画的理解。

例 4：锻炼学生之间的默契，首先向全班学生提供几种不同的图画，然后将部分图画分配给班上一半的同学，让他们产生印象后，对另外一半没有看过这幅画的同学提出关键信息，观察他们是否能回答出相对应的结果。

例 5：信息差游戏就是组织两个或多个同学进行，通俗点来说就是“你说我画”。

例 6：组织学生可以进行图片和文字的匹配能力，向每一位学生提供一张图片，让学生在图片中做出标注，后期再将图片和标注打乱，然后让全体同学进行重新匹配。

例 7：激发学生语言信息捕捉能力，就是让其中一个学生通过假设将自己设定成图片中的某个部分，然后其他学生可以通过提问找出这位同学在图片中所设定的部分。

二、寻找、使用以及储存图片

（一）图片的来源

报纸、杂志、广告和宣传材料、度假手册、商业手册、挂历、问候卡、明信片、美术复制品、招贴画、宣传画、漫画和卡通连环画、邮票、照片及教师和学生创作的画。

（二）图片的分类存放

图片可以根据科目、课程单元、语言教学点、文化资料分类存放。

（三）创作和改编图画

简笔画、电脑中的图片、纸和卡片、拼贴画和折叠的图画。

在实际教学情境中，教师要有针对性地对图画信息进行设计和创新，通过多样化的呈现方式提高图画在教学活动中的使用频率，发挥图片的独特价值。

“家庭创作图画”对个体产生的直观印象深刻，图画的设计和创新相对来说需要一定的基础技能，因为质量不同的图画所呈现的效果不同。

这里提出两点建议：第一，在进行图画设计时应该注重参考材料的选择，因为我们所形成的图画雏形与参考材料息息相关；第二，如果没有经过专业化的训练，我们就可以在初步设计工作中下功夫，将图画设计的大致轮廓呈现出来，这样也同样能产生一定的效果。

第二节　游戏教学

在少儿语言课堂中组织游戏教学可以让少儿对语言学科产生浓厚兴趣，通过游戏过程激发少儿语言天赋，锻炼少儿语言技能。当然，这一游戏活动的实践过程需要思考两个问题：第一，游戏活动的组织是否存在价值，思考少儿通过这场游戏的参与能够获取怎样的技能；第二，要考虑游戏活动的进行过程是否具备教育意义。我们所提到的游戏教学活动，并不仅仅指向单一游戏的开展，因此教师应该注重创新游戏形式。

一、游戏的种类

游戏种类是多样化的，我们可以依据不同的方式对其进行分类，例如，按游戏关注语言的种类进行分类，或者按游戏中所用材料的不同进行分类，还可以根据它们需要的课堂组织和管理来划分。

（一）语言的流畅度还是准确度

根据语言表现的侧重点我们可以将游戏划分成两种类型：控制语言类（注重练习语言使用的准确度）和交流语言类（注重练习语言的流畅度）。通常情况下，第一类目标主要发展少儿初期语言系统，练习新学语言，锻炼学生语言使用的准确度，借助游戏潜在优势，达到知识巩固目的，为学生练习发音、词汇、语法提供了条件。

例 1：借助固定句式，如“I went to market and I bought...”，在固定句式的基础上进行反复的记忆训练，游戏规则设置就是最终能够对句子进行完整拼写的参与者取得胜利。

例 2：游戏设定为动物主题，发挥少儿想象力，游戏过程中能够运用语言进行表达方式的转变，也就是说句子结构改变但最终所表达的意思不变。

比如主题句子设定是“I went to zoo and I saw...”，那么少儿在此基础上发挥想象力，可以重塑句子表达，少儿可以根据顺序依次对句子结构进行更正，如第一名同学说“I went to zoo and I saw giraffe.”紧接着第二名同学就说“I went to zoo and I saw a giraffe and a tiger.”如此循环下去。

这个游戏在主题设定上可以进行自由切换，主题切换主要目的是为学生提供语言练习机会，巩固语言知识，这种形式类似“鹦鹉学舌”的游戏，学生在语言学习运用中要合理把握单词发音，借助情境练习来衡量自身语言熟练度，同时还要确保学生在游戏过程中不会受到他人误解的干扰。

总体而言，这类游戏更加强调少儿语言使用的准确度，为了加深他们对语言的印象，教师可以在游戏过程中加入图片，让学生全面发展视、听、读、写的能力，注重知识能力协调发展。

注重语言流畅度的游戏。这类游戏关注学生对语言的熟悉程度，并注重培养学生与他人合作的精神。游戏过程设置以分组为前提，各个分组成员在虚拟环境中完成指定任务，这种分组完成任务的方式可以让学生形成合作意识。

例如“听述作图游戏”和“描述分辨游戏”。“听述作图游戏”就是两个少儿成员之间，一个负责图画的描述，一个负责对描述进行作图，游戏结束后观察彼此的默契程度。

除此之外，学生在游戏过程中对语言的重复使用，可以进一步巩固语言知识训练，加深语言理解力。当然，这类游戏对少儿语言基础要求较高，因此英语教师在游戏开展之前会做大量的准备工作，借助内容和形式上的创新，激发学生对游戏活动的积极性。

（二）竞争性游戏还是合作性游戏

一般情况下，不同游戏类型发挥的作用和效果是有差异性的，我们围绕竞争性游戏和合作性游戏进行阐述。

竞争性游戏一般情况下没有固定的成员组合要求，主要通过游戏闯关，筛选出游戏最终胜利者，这类游戏的特点就是它不完全验证少儿对语言使用的熟练度，游戏进行过程还有运气成分的介入，可以认为竞争性游戏不完全是控制语言类游戏。合作性游戏显而易见与我们所提到的“听述作图游戏”类似，这类游戏不仅需要组员个人对语言有熟悉运用能力，还考验合作双方之间的默契。

二、选择游戏

（一）是否适合初学者或年纪较小的学生

少儿教学活动要针对初学者学习特点制订针对性的教学计划。教师在进行游戏活动筛选时，要考虑学生是否能快速理解游戏规则和流程，如果游戏参与主体是小学生，那么就应该将游戏各个设定最大限度简洁化，让游戏流程设置尽量保持简单、易操作，激发少儿对游戏产生浓厚兴趣，同时还应该鼓励每个学生都参与到游戏活动中，增强课堂活跃性。

在游戏过程中英语教师需要对学生进行单词提示，英语教师所给的提示词要与英语课堂上的知识点相关。而确保学生理解游戏规则的最好方法是向学生做出示范，并为学生提供充足的演练时间，当然，这一示范和演练环节为确保学生理解和掌握游戏过程设置，应尽量使用母语。

（二）安抚型游戏还是活跃气氛型游戏

游戏活动的氛围对少儿学习产生积极性具有重要影响，一个活跃的氛围可以激发少儿产生游戏参与兴趣。因此，游戏的设定应尽量确保游戏活跃度，保证学生在游戏过程中处在运动状态。

学者保罗介绍的一个“背后字条”的游戏，这个游戏设置就是每个学生背后都有一张字条，字条上写的内容不同，背后贴上字条的当事人不知道字条内容，需要在其他同学的提示中猜中最终答案。

模仿游戏对活跃气氛，调动少儿参与积极性有起着显著效果。活动过程首先就是给少儿分发不同的卡片内容信息；其次，少儿再根据卡片提供的信息进行模仿和表演；最后，通过模仿让其他同学猜测信息的具体内容。少儿可以调动自己的想象力进行模仿，但是模仿过程中要提供符合内容的表演信息。

学者罗斯提出过一个数字游戏，游戏过程中，一个少儿起头说出数字“1”，紧接着在全班同学中随机指出一位同学回答数字“2”，回答错误的同学就会被淘汰出局，如此循环。当然在游戏初次接触时，最好让学习有重来一次的机会，确保他们不会在游戏开始不久被淘汰。

与上面举的游戏例子相比较，多米诺骨牌游戏更接近安抚型游戏，这类游戏的特点就是需要游戏参与者保持高度的热情和注意力。

佩尔曼游戏则比较擅长记忆训练，在这个游戏中主要设置很多卡片，卡片内容对应的是少儿近期学习的内容，并且卡片内容分别准备两份，游戏开始后所有卡片覆盖在桌面上，少儿在游戏中进行相同卡片的匹配。佩尔曼游戏是比较典型的安抚型游戏，它的优点除了操作起来比较方便之外，还可以帮助少儿加深学习印象。

三、需要准备何种材料

（1）不需要借助任何材料的游戏。这类游戏就是不用借助辅助性材料，就可以进行操作的游戏，比如猜谜类和听力类游戏（如捉迷藏）。

（2）要稍微借助一些辅助性材料进行信息补充的游戏（如拼字游戏）。

（3）主要借助图片材料进行操作的游戏（如贴标签、画图）。

（4）借助单词卡片形式进行操作的游戏（如多米诺骨牌游戏、佩尔曼游戏）。这类游戏注重对单词的释义、词汇等掌握程度及记忆训练，参与者能举一反三，运用发散思维掌握知识信息。

（5）借助卡片进行句子训练的游戏。这类游戏就是借助卡片，先将句子结构弄混，参与者依据记忆对句子进行重新组合。

（6）借助骰子进行操作的游戏，这类游戏中，借助骰子进行操作的过程中，一般以单词的形式代替数字，主要还是训练参与者的语言掌握程度。例如，1 表示跳两下（jump twice），2 表示说出你的名字（say your name），3 表示说出现在的时间（tell the time），4 表示 12 加 15 等于几（add 12+15），5 表示说出 5 种颜色（name 5 color words），6 表示从 10 倒数到 1（count backwards from 10 to 1）。

（7）借助游戏模块进行操作的游戏。这类游戏主要借助游戏模块进行操作指示，参与者的每一个动作都要跟随游戏模块指示，才能顺利完成任务。

（8）借助图表或纸板进行操作的游戏。

四、怎样玩游戏

（一）给出游戏规则

游戏过程设置总体来说要简单、易上手，并要确保参与者理解和掌握游戏过程的规则，游戏规则的阐述可以兼顾使用母语和英语，母语是为了让参与者可以清晰了解整个游戏的过程和相关规则，而英语可以使参与者加深语言理解力，准确把握游戏中所涉及的关键词。

教师在游戏设计和操作过程中要注意全面考查班级内学生的英语知识掌握程度，测试学生整体英语水平；准确衡量在游戏过程中英语使用的准确度。在游戏开始之前，对学生英语口语加强记忆训练，确保学生通过游戏训练加强了对英语单词和词汇的理解程度。

除此之外，教师还要衡量游戏是否具备趣味性和多样化特征，要关注少儿在初期接触英语训练时的学习状态，积极引导其产生求知欲望，避免少儿对英语学习产生厌倦心理。下面列出几种在说明游戏规则时常用的说法。

- Listen. Look this way. Look at the board.
- Here are the instructions. Here’s an example.
- I’d like helpers please.
- Show me.Repeat/Explain what you must do.
- What’s missing? What’s next?
- Work in pairs/team/groups/on your own.
- Play back to back.
- Check if you have everything you need.
- What do I do? I need...Can I have...?

● Team/Group 1 starts first. Get into a circle/line. Get into pairs/groups.

● Throw the dice. Choose your counter. Go forward/backward/a square.

● On your marks, 3, 2, 1, go！

● counter, board,（flash）card, domino, winner, loser, touch, draw, colour, choose, match, collect, start, end, finish, win, lose

在游戏过程中，教师可以借助图片进行关键性英语单词提示，以帮助少儿成功完成游戏操作。

（二）对班级的组织

游戏开始之前要进行班级分组，教师考虑学生分组意愿进行组员合理分配，尽量确保每个学生都能参与到游戏活动中。当完成了分组任务后，教师可以向学生大致讲解游戏活动规则和流程，学生再根据游戏规则设定进行组内成员分配，选出代表组长，代表组长象征一个游戏活动的管理负责人。

在游戏操作过程中，尽量使用英语，以此培养少儿语言组织和理解能力，例如，少儿可以清楚地知道游戏中提供的英语信息所表达的意思，并且少儿还可以借助英语进行提问，以获取更多的游戏信息。

游戏过程中教师的作用明显，教师要做到以下几点：首先，要观察学生在游戏中如何使用英语进行交流，听他们说了什么，在必要时给出一些提示和解释；其次，教师还要注意学生在游戏中用英语交流时遇到的困难，部分使用困难的单词可以再教一遍；最后，尽量保持少儿在游戏活动中的积极性，同时关注少儿在游戏过程中所做出的反应，观察游戏是否起到了一定的效果。

第三节　音乐教学

少儿对具有节奏感的歌曲、韵律诗非常感兴趣，大部分的语言课程都适度添加了歌曲和韵律，这一语言教学模式逐渐也得到教师和学生的喜爱。

一、为什么使用歌曲、韵律诗

（一）作为语言资源

歌曲、韵律诗和节奏可以使少儿进行语言的补充，在节奏中掌握基础的英语单词和词汇，营造一个积极、活跃的教学氛围，少儿也能通过这样的方式加深巩固语言知识练习，使少儿感受学习的过程是轻松、愉快的。当然，这个过程主要还是培养学生的语言技能，提升整体英语水准。

（二）作为心理、感情资源

从心理上来分析，歌曲、韵律诗和节奏对于少儿来说具有较大的吸引力，少儿能对学习活动产生强烈的积极性，与此同时，这种以集体为单位的吟唱方式可以减少内向学生的焦虑感。通常情况下，少儿还会将自身掌握的语言吟诵技巧向家人展示出来，于是少儿会在心理上产生满足感，逐渐形成对自我价值的肯定。

（三）作为认知资源

歌曲、韵律诗和节奏可以增强少儿的语感，少儿可以在熟练化的语感中不断加深语言的理解力，并且大多数情况下，歌曲、韵律诗和节奏都是在重复性的音律下进行的，所以少儿熟练后就会下意识地说出某个语言知识点。除了视听结合，还可以加入一些动作手势，激发学生的积极性，营造活跃的课堂氛围。

（四）作为文化资源

英语歌曲、韵律诗和节奏通常来自英语原版作品，所以少儿通过歌曲、韵律诗和节奏接触语言的过程也是一种文化熏陶的过程。

（五）作为社会资源

歌曲、韵律诗和节奏的练习是一种集体化练习的过程，所以在这个过程中少儿可以与同学保持沟通，增强学生的集体责任感。

（六）作为教学资源

歌曲、韵律诗和节奏使得教师实现了教学资源的创新，教师可以根据少儿不同阶段的成长特征进行音律的转变。并且可以对音律进行重复化训练，这些歌曲、韵律诗和节奏可以同其他交叉学科的题目和故事等相结合，来充实主要的教学资料。

二、歌曲、韵律诗和节奏对练习发音的帮助

（一）单独发音和在连贯的话语中的发音

歌曲、韵律诗能够通过连贯性发音对个别单词进行纠正和考查。例如，某些声音连在了一起时，会发出连读音。如：You're not it 或者 All in together！在英语中，较为复杂的辅音经常被简化，尤其当一个以 /t/ 音或者 /d/ 音结尾的单词后紧跟着辅音时。

（二）重音和节奏

在英语中，还比较看重英语的重音和节奏，当然歌曲、韵律诗和节奏可以对其产生巩固和加强的作用，少儿可以在节拍中掌握其发音规律。英语中的弱读是指一个词的发音会根据它是否重读而不同。弱读经常有规律地出现在歌曲或者韵律诗中。弱读的词包括：

助动词：Who do we appreciate?

连词：One went POP and another went BANG！

冠词和一些介词：You eat me for breakfast.

这些弱读经常会练习 /ə/ 的使用，因为它发生在许多不重读的音节，是英语中最常用的元音。/ə/ 通常不是一个难发的音，但是，学习者经常会发现自己很难知道它什么时候该发这一个音。

（三）听力练习

听力练习主要是帮助少儿提升英语单词辨识度，进而熟练掌握英语发音。少儿在进行歌曲、韵律诗和节奏的训练时，可以纠正错误的发音，通过听力模仿练习找准英语发音。

三、歌曲、韵律诗和节奏的种类

歌曲、韵律诗和节奏的类型具备多样化特征，不同的类型有着不同的特征，其发挥的效果也具有差异性。学者奥佩（Opic）将韵律诗分成了两种形式：一种就是帮助进行游戏互动；另一种就是帮助语言表达方式的多样化，包括顺口溜、标语口

号、打油诗、绕口令、谜语和笑话。

韵律诗在游戏过程中还起到筛选重要人物的作用，游戏过程中，游戏参与者会被分组排列，然后以组员中第一个游戏参与者起头念短韵律诗，根据韵律的重音点名下一个成员，如此反复循环。

Dip, dip, dip　　　　Out goes the cat
My blue ship　　　　Out goes the rat
Sailing on the sea　　　　Out goes the lady
Like a cup of tea　　　　With the big green hat
Dip, dip, dip　　　　Out spells out
You're not it！　　　　So you're not it！

韵律诗大部分应用于小学生的集体活动中，韵律诗不仅是视听结合的过程，还是动作结合的过程，如拍手等。游戏实施过程一般将集体分成几个小组，小组中排列成一个圈子，在围绕的圈子中唱韵律诗，当韵律诗涉及其中一名参与者的生日月份，那么他就需要跳进圈子里。

All in together
First by the weather.
When you call your birthday.
You must jump in/out.
January, February, March...

小学生可以结合多个动作配合韵律诗的节奏，例如：

Two fat gentlemen met in a lane.（竖起两个拇指）
Bowed most politely, bowed once again.（两次弯动两个拇指）
How do you do?（弯右手拇指）
How do you do?（弯左手拇指）
And how do you do again?（再次弯动两个拇指）

下面举例的韵律诗将配合虚拟人物名字进行，少儿使用手指来代替那些虚拟人物。

Thin：Two thin women met in a lane.（食指）

Tall：Two tall police officers met in a lane.（中指）

Little：Two little school children met in a lane.（无名指）

Little：Two little babies met in a lane.（小指）

韵律诗猜谜和幽默段子的加入，可以帮助少儿提高积极性，从而锻炼少儿的思维能力。例如：

You eat me for breakfast　　I'm a very big animal
But first crack my shell　　You see at the zoo
If I'm fresh then I'm tasty　　I've a very nice trunk
If not—what a smell！　　I can squit water through

还有一部分幽默段子会使用一些双关语，在组织成员参与游戏时，可以两个人分为一组进行幽默段子的直观表演，表演可以增强其发音声调的准确性，例如：

Doctor, doctor！ I feel like a pair of curtains.

Well, pull yourself together then！

Doctor, doctor！ Everyone keeps ignoring me.

Next please！

Waiter, waiter！ There's a fly in my soup.

What do you expect for 50p, a beetle?

Waiter, waiter！ There's a fly in the butter！

Yes sir, it's a butterfly.

Knock, knock

Tennis！

Tennis who?

Tennis five plus five！

Knock, knock

Who's there?

Toucan！

Toucan who?

Toucan play at this game.

除此之外，一部分少儿也非常喜欢五行打油诗。

There once was a man from Darjeeling,

Who traveled from London to Ealing.

When it said on the door,

Please don't spit on the floor,

He carefully spat on the ceiling.

与此同时，绕口令也可以锻炼少儿发音练习。

Red lorry, yellow lorry.

She sells seashell on the seashore.

The big black bug bit the big black bear but the big black bear hit the big black bug back.

重复发音节奏一般适用于比赛场地，可以通过节奏增强队伍气势，营造热血氛围。

Sausage in the pan

Sausage in the pan

Sizzle, sizzle

Sizzle, sizzle

Sausage in the pan

Two, four, six, eight

Who do we appreciate?

R—E—D—S！ REDS！

在进行歌曲、韵律诗和节奏的练习计划之前，应该注重考查年龄阶段对英语的适应性和基础性，还要思考通过这样的方式能达到怎样的教学目的和教学效果。

我国少儿英语课堂，通常借助英语歌曲和童谣加以辅助练习，英语歌曲和童谣极具节奏感和音律感，这种简单易懂的方式比较符合少儿年龄层的学习，学生在节拍中可以提高英语单词、发音和语调的水准。

以上主要阐述英语歌曲、韵律诗以及节奏在英语教学中应用所发挥的功能和效果，并对其进行了详细的举例论证，在论证中我们认为英语歌曲、韵律诗节奏可以激发学生的英语学习兴趣，促进英语学习各个方面的提升。

第四节 故事教学

在英语教学方法中，故事教学具有一定的实施价值。故事教学能提供故事情境，学生在故事情境中可以进行英语词汇练习，这样就可以最大限度地激发学生的思维想象力，从而实现对英语词汇的理解。

故事在教学中的应用，其满足的本质特征是，故事不仅提供了教育意义的指导作用，还有一定的词汇信息补充作用。在教学中，故事可以激发学生的学习兴趣，故事涉及的词汇内容依据故事情节的展开更加形象、具体化。

依据少儿心理成长特征来看，他们对故事具有浓厚的兴趣，我们也能关注到，少儿听别人讲故事的过程中都是全神贯注的，对故事熟悉后，他们还会将故事流利地讲给他人听。

英语课堂首先引入故事的作用就是激发少儿的学习兴趣，培养积极的教学氛围。教师在进行故事教学时，除了运用一定的故事进行陈述之外，还可以进行图画板书，故事陈述过程还要进行表达情绪的把控，以全力引导少儿进入英语学习状态。

一、选择故事书

（一）读物类

小学英语教学课程中最受欢迎的故事书，大部分来自经典的神话传说、寓言故事、儿歌的改变或缩写。在教学活动中，由于经典故事书所涉及的词汇有限，英语教师一般会将故事书当作普通读物提供给学生，尽量发挥故事书的信息补充作用，培养学生故事阅读兴趣，锻炼学生语言使用技能。

（二）原版故事书

所谓原版故事书就是以英语为母语的故事书，原版故事书的优势是它提供了大量的纯正化英语教学，学习者在阅读这类书籍时会产生强烈的满足感，从而增强英语求知欲。与此同时，在原版故事书中插入一些图画，可以增强故事的视觉效果，对少儿英语学习来说，这无疑充满了新鲜感，这种新鲜感会促使他们迫切地了解故事情节。

（三）故事书的种类

在进行英语课堂的故事筛选和使用时，一方面，教师应尽量在学生已经了解和熟悉的原版故事范围中进行选择，尽管原版故事书在英语教学使用过程中，会存在语法和词汇上的理解难度，但对学生而言，故事书本身所具备的趣味性可以成为他们语言学习的兴趣动力。另一方面，教师英语故事的使用还要考虑其他因素，包括学生的年龄、学生对语言概念的理解以及学生情感发展状况等。值得一提的是，1970 年第一次出版的故事书《饥饿的毛毛虫》现在已经成为“外语教学领域的国际级超级明星”。

（四）选择故事书的标准

故事书在教学中应用的根本目的是帮助少儿提高英语学习能力，培养其故事阅读和鉴赏能力。要发挥故事书的教学效果，需要教师有选择性地筛选故事情节，衡量少儿的学习能力、成长环境等是否对所采用的故事形成理解。

英语阅读在少儿英语学习过程中存在理解难度，所以故事选择应该尽量保持简洁性。当然，除了这个基本因素之外，还要注意其他因素的影响，例如，故事的长度、单词重复的数量、使用的插图以及版面设计。故事书在英语教学中的效果呈现取决于教师故事选择是否贴切这些影响因素，一般来说，少儿随着年龄的增长，所具备的英语学习能力也会提升，因此故事书的选择类型也要跟随切换。

通常情况下，故事书种类具备多样性，不同的故事书呈现不同的教学效果，教师在选择故事书时要考虑学生感兴趣的程度，尽量借助故事书激发学生学习的积极性，实现教学质量的提升。

二、使用故事书

教师在进行少儿故事书的选材时，应提前做好故事筛选工作，不能盲目对少儿采用英语故事教学。不合理的故事教学安排会让学生产生理解障碍，从而丧失学习热情和积极性。

英语故事在教学内容的安排上，除了可以作为教材之外，还可以作为课外读物，帮助少儿学习英语常识，练习英语语法。在课堂教学中，教师要注重通过故事进行英语知识举一反三的例证。

比如，当你讲内容主旨是关于海洋生物的，那你就可以进行海洋生物故事的讲述，在讲述过程中，可以提炼出关键的英语词汇和句子，在提炼的英语词汇和句子中挑选代表性的句型结构进行分析。这样少儿就可以得到知识和兴趣的双重收获。

故事的引入对少儿也起到一定的影响，我们母语故事引入一般都是类似“在很久很久以前”这样的模板，大部分少儿在这种引入模板中会形成印证记忆，从而清楚地知道故事接下来的阐述内容。因此，故事书在英语学习中的应用对少儿来说还是具备一定的基础的，这对英语故事的教学应用起到极大的作用。

故事书可以作为少儿英语入门的学习资料，协助教师进行英语教学内容的创新。

故事书在教学中的应用可以大大提升少儿学习积极性，尽管少儿对英语学习存在一定的障碍，但是通过教师的协助下完成故事阅读，会让他们产生强烈的心理满足感。少儿会跟随情节发展而产生情感起伏变化，情节中如果主人公的发展得到了少儿心理认可，他们就会吸收主人身上具备的品格，并有强烈的故事倾诉欲望，这无疑加强了少儿与社会的联系。

故事书无论是情感上还是知识上，都对少儿产生了不同程度的影响作用，故事教学要让少儿英语学习产生浓厚的兴趣，就是要变化教学形式，增添趣味性的教学活动。借助故事进行英语教学是为提升英语学习能力做铺垫。

（一）讲故事

对于讲故事的人来说，故事讲述环节最具挑战性的一点就是让听众持续保持兴趣和专注力。故事讲述能力，除了少部分人的先天优势之外，大部分人都需要通过长期的技能训练才能达成理想的目标水平。

在接下来的举例中，教师对故事情节做了一定的调整，将往常一只狐狸的故事替换成了一头大象的故事，运用新颖的故事情节吸引学生注意力。在讲述故事时，教师可以借助一些展示卡与动作帮助学生理解，观察学生在故事讲述过程中的情绪和动作反应。

Teacher：I'm going to tell you a story about two animals. Look. The animals are...

（*The teacher puts up the two pictures on the blackboard and points as she speaks.*）

Teacher and children：（*together*）A bird and...

Teacher：...And an elephant.

Children：（*All shout*）A fox！

Teacher：No...It's an elephant！

Children：...fox！

Teacher：It's a fox. I'm going to tell you a story about a bird and a fox.

（*As the teacher tells the story, she points to the cards*）

Teacher：A fox saw a bird eating some cheese.

（*The teacher shows the children the pretended piece of cheese.*）

And the fox said, "Hey you, give me your cheese. I like cheese and I'm really hungry."

The bird said, "No, you can't have my cheese."

And the fox said, "Can you fly, bird?"

And the bird said, "Yes, I can fly."

And the fox said, "So fly down here to me and give me your cheese."

And the bird said, "Look I can fly but you can't have my cheese."

And the fox said, "Can you sing, bird?"

And the bird said, "Yes, I can sing. Listen to my song."

And the bird.（*Here the teacher gestures with her hand to show that the bird opens his mouth and that cheese falls to the ground.*）...and says, "Oh no, my cheese！"

And the fox said, "Ha, ha, ha...Now I've got your cheese.It's my favour...mmm."

在教学过程中，教师与少儿的英语学习过程应该保持合作协调，教师及时对少儿故事阅读中出现的问题进行指正或补充，这样就可以进一步地加强英语学习的效果，促进少儿及时掌握英语知识点学习。

（二）读故事

读故事在课堂教学中，相对讲故事来说更加容易，讲故事要求教师对故事情节具备强大记忆力。而读故事中，由于学生已经大致了解了故事情节内容，教师只需要做出教学引导，在这个过程中，教师稍加熟悉一下故事大概讲述什么内容，并提前进行教学方案的规划准备，就大致完成了课堂计划的初期工作，当然课堂教学中，教师不能完全局限于故事素材的提供，还要结合少儿在课堂中对故事的反应来转变故事素材。

教学中读故事并不仅仅要做到读的任务，而是要将故事打磨得具有趣味、灵活性，以此来吸引学生注意力，教师要时刻关注他们在游戏中做出的反应。为了让学生更加理解故事内容，教师还可以配合故事提供的人物对话、动作、表情等形象化地演示出来。

（三）看图画，听故事

下面举例的是少儿阅读故事文本。

As he walked in the jungle, Elmer met all the animals. They always said, “Goodmorning, Elmer.” Each time Elmer smiled and said, “Good morning.” After a long walk, Elmer found what he was looking for—a large bush—a large bush covered with elephant berries. Elmer caught hold of the bush and shook it and shook it so that the berries fell on the ground.（*From Elmer by David McKee*）

在这个故事讲述中，我们可以把握教师对少儿的讲故事风格，文中提到的Elmer是一头大象，这头大象与寻常大象有区别，它的身上是彩色的。

Teacher：And Elmer, as he walked in the jungle, Elmer met all the animals and they always said? “Good morning, Elmer.” And each time Elmer smiled and said. What did Elmer say? Sh...sh...sh...He said...he said “Good morning.” What did Elmer say?

All the children：Good morning.

Teacher：After a long walk, Elmer found what he was looking for. A very big bush, a large bush covered with elephant berries.What colour are elephant berries?What colour? Grey. They re grey, elephant coloured berries. Grey berries.See Elmer. He caught hold of the bush and shook it and shook it.

One child repeats：Shook it.

Teacher：And all the berries fell on the ground.See him. He’s shaking, shaking the bush. See them...see them. See all the berries.

One child repeats：See them.

（四）跳出故事文本

在上面的举例中，我们可以看出教师为了让少儿快速认识颜色词，通过故事的形式让少儿融入学习。在故事中，大象 Elmer 想要快速通过浆果汁将它的皮肤调整为灰色，然后教师就会在这个情节中提问："He's covered himself in berry juice grey. Will he be yellow? Will he be purple? Will he be grey?"这种情景化提出的问题可以增强少儿记忆力和理解力，提升少儿游戏参与的积极性。

（五）谈论故事内容

在儿童故事中同一情境会反复出现，孩子们对故事运用同一种语言在不同地方出现有强烈兴趣。

Teacher：On the way, he passed the other animals again. See, he's going by...Each one said. Listen to what they said, "Good morning elephant." What did they say?

Children：Good morning, elephant.

Teacher：Did they know it was Elmer? Do they know Elmer?

Children：No.

Teacher：Elmer smiled and said, "Good morning." What did he say?

Children：Good morning.

Teacher：And he was pleased that he wasn't recognized. They didn't recognize him. Look at all the elephants...

(*The children look at the pictures and talk in their mother tongue.*)

Teacher：When Elmer rejoined all the elephants...

(*One child interrupts and says in his mother tongue that all the elephants together look like an army and another child says they are not smiling.*)

Teacher：Yes it looks like an army of elephants, doesn't it? All grey elephants. Yes. And not smiling...

One child：Purple...purple.

Teacher：Well, nearly grey.They were all standing quietly. See them standing quietly.You know "be quiet"...Did they see him?

Children：No.

Teacher：Did he see him?

Children：No.

Teacher：Are they smiling? Are they happy?Not happy. What are they? They are very quiet.

One child：Very, very quiet.

Teacher：And are they happy?

Children：No.

Teacher：Not smiling. Not happy.

教师用检查理解的问题检查孩子是否都理解了故事中发生的事情：

Teacher：Did they know it was Elmer? Do they know Elmer?

Teacher：Did he see him?

Teacher：And are they happy?

孩子们重复教师说过的话：

Teacher：Good morning, elephant.

Children：Good morning.

Teacher：They are very quiet.

One child：Very, very quiet.

Teacher：Good morning.

Children：Good morning.

Teacher：All grey elephants.

One child：Purple...purple.

教师提醒孩子们注意他们已学过的语言：

Teacher:Well, nearly grey. They were all standing quietly. See them standing quietly. You know "be quiet" ...

教师用英语重述孩子们用英语或母语所做的评论：

Teacher：Yes it looks like an army of elephants, doesn't it?All grey elephants.

Children：Yes.And not smiling...

One child：Purple, purple.

Teacher：Well, nearly grey.

教师重复说一些语言组块，以便孩子们记住它们：

Teacher：And he was pleased that he wasn't recognized. They didn't recognize him. Are they smiling? Are they happy? Not happy.

Teacher：They are very quiet.

Teacher：And are they happy?

Children：No.

Teacher：Not smiling. Not happy.

我们可以看出教师对这个故事讲读过程的安排是具有创新性的，读故事的环节中，教师会不断地向学生做出问题引入，指导学生带着问题思考故事情节发展。除此之外，关于大象 Elmer 的颜色补充，教师还借助了图画填色，学生可以通过教师提供的颜色信息进行填涂。

在读故事的过程中，还要注重对学生进行重复性练习，这样才能锻炼学生的英语学习能力。

（六）重读听过的故事

课堂教学中可以进行故事重复多次的引用，这种多次重复练习可以加深少儿对故事的印象，帮助他们更加积极地参与到不同形式的故事教学情境中。

在重复性的故事讲述过程中，教师可以抛出相关故事问题来引导学生思考，以图片为辅助信息进行故事场景识别。为了增加学生体验感，教师还可以提供故事情境教学，让学生自已扮演故事角色，根据图片的场景指示进行片段性表演，在表演展示中锻炼学生的口语表达能力，英语语言运用能力，加深故事印象。

Teacher：OK, so what is the first thing that happens in *The Three Little Pigs*, John?

John：Once a pig made a house and a fox...and the fox...blew it...

Teacher：Blew it. Blew it down. OK, that's right.OK, the first pig made his house with...What did he build it with? What did he build that house with?

John：Grass.

Teacher：Yeah. Grass. Straw. He built it out of grass. That's right.And who blew it down?

John：A fox...

Teacher：A fox? A wolf.

Children：Yes. Yes.A wolf.

Teacher：That s right and the second pig...

One child：The little pig going to his brother's house.

Teacher：And what did that little pig make his house out of ?

One child：A wooden house.

Teacher：OK, a house made out of...

Children：Wood.

Teacher：That's right. Yes, wood, sticks, branches from the tree.He built his house out of sticks.

（七）换角度重讲故事

接下来的举例中是关于三只小猪和一只狼的故事。为了吸引少儿的关注力，教师可以预先进行考查少儿对接下来的故事情节发展有什么样的猜测，等少儿回答完之后教师再进行下一步的故事讲述。

Teacher：Now the story is called "The Real Story of the Three Little Pigs" .And the wolf is telling the story. So, what do you think the wolf is going to say?

One child：Eat the three little pigs.

Teacher：So he's going to say, "Yes, I'm very bad. I ate the three little pigs." So what else do you think he's going to say?

One child：He's going to say, "I went to the pig's house" and...and say "Please open the door and not open and..."

Teacher：So he's going to say, "I said please open the door and they said no. They were so rude.Right? They were so rude." OK and...Yes, Narn?

Narn：He s changing his clothes and saying, "I'm your mum."

（*The children all know the story of The Little Red Riding Hood and they all laugh.*）

Teacher：So, "I' m your mum." That sounds like *The Little Red Riding Hood.*

少儿经过一定的阅读和听力练习后，基本上对故事内容有了一定的理解，当少儿产生理解后又能恰当地使用英语进行表述，如此循环，就让他们产生对英语学习的兴趣，也能用英语向他人流利地阐述故事内容。

以上我们主要围绕如何掌握讲故事技巧进行阐述，主要包括少儿初期故事教学的设计安排、教师展开新故事的讲述、如何借助图片进行故事教学等。

我们需要明确的是少儿对语言的学习过程，讲究循序渐进的原则，教师借助故事在教学中的展现可以为少儿创造一个良好的语言学习氛围，增强少儿语言学习兴趣，故事在教学应用中的作用具有多样性，我们应该思考如何借助多样性进行教学安排，帮助少儿实现学习能力的提升。

三、利用故事开展活动

（一）改编故事

对故事的改编就是对故事内容的发展情况进行改写，但是故事原有的主体角色和情景保持不变，这种新编故事可以激发少儿的好奇心。接下来通过《饿坏了的毛毛虫》进行改变举例。

故事中的毛毛虫会依据自己吃的事物转变颜色，这个故事讲述过程可以让少儿进行补充说明。

Teacher：OK, OK, now, listen...listen. It’s time to tell a story. OK, it’s time to tell a story, it’s time to tell a story.OK, a story, a story in silence.OK, in silence, we must be silent.OK...sh...OK...we’ll sit on the floor.In silence we must be, OK?

This story...this is a story about a green caterpillar. OK. Now, in silence we must be. OK...o...sh...OK.

This is a story about Mr. Caterpillar.Sh. OK, OK. Once upon a time there was a green caterpillar. He was always hungry. One day he met a banana. “Mmmm mmmm,” he said, “I’m very hungry.”

So he ate it. But surprise, surprise, his head became yellow. And he walked and he walked.

（*The teacher gestures to all the children to join in.*）

Children：And he walked and he walked...

为加强巩固，教师还可以围绕故事展开游戏活动，教师可以安排图片和食物，分发给少儿，图片上是没有上色过的毛毛虫，少儿要根据食物指示进行图画填涂，在少儿填涂过程中，教师要进行不断的询问，让少儿思考为什么要使用这个颜色进行填涂。

（二）让孩子们给故事添加内容

接下来的故事举例是关于奇怪的动物园故事，少儿在故事中可以了解奇怪动物园中发生了哪些令人诧异的事，在故事陈述中让少儿对英语词汇能做到快速掌握。

Teacher：Now I will tell you a story.

Now please listen to me carefully and try to memorize the story.Now close your eyes. Close your eyes, everybody.

There is a wonderful zoo in Kitakyushu. You are in the zoo. The zoo is very nice, but it's a funny zoo. It's a little bit unusual.

（*Teacher also explains about this unusual zoo in her mother tongue.*）

Let's walk around in the *zoo*. Now try to remember what I tell you. OK.Now some blue birds are singing and some pink birds are playing tennis.

（*Some pupils laugh.*）

Teacher: A lion is eating a hamburger, a tiger is reading a book and a sheep is dancing.OK.

（*Some pupils laugh.*）

Teacher：OK, open your eyes. Now, I would like to check your memory.

（*later in the same class*）

Teacher：OK, very good, you remembered very well.Now boys and girls, can you make another funny story about this *zoo*?

（*Some pupils answer in their mother tongue.*）

Peter:A dogs...

Teacher:Yes.What is the dog doing?

Peter：A dog is playing violin.

Teacher：A dog is playing the violin.Good. Anymore?

Teacher:No?OK, you have...Oh yeah！

Grace.Grace：A snake is riding a bicycle.

Teacher：A snake is riding a bicycle！

Children：A bicycle.

（三）编故事

编故事的过程也是考验个人想象力的过程，编出来的故事既要具备趣味性又要使听故事的人产生理解和认同，满足这样的条件就需要我们在编写故事时贴合实际情况和逻辑。如果故事是讲述给少儿听，那么就需注重少儿是否能对故事产生理解和兴趣，故事讲述的过程尽量保证运用他们熟悉的语言。

1. 改编故事

故事改编的优势是少儿原本就已掌握了故事内容，只是在这基础上进行内容改编，新编写的故事借助熟悉的词汇进行表达，这样可以给少儿带来新鲜感。

2. 画图和上色

少儿可以依据故事情节的信息补充进行图画制作，少儿最大限度地发挥想象力，通过补充想象做出来的作品可以给少儿带来极大的成就感。

3. 做手工

手工练习主要是少儿围绕故事所提供主人公特征进行手工制作，少儿主要依据教师的引导进行创作，这个过程可以锻炼少儿听力和口语能力。

4. 词汇联系

词汇联系要在少儿对英语词汇掌握程度较深的前提下进行，教师可以鼓励少儿建立自己的“图片字典”。在这个“图片字典”中，少儿可以进行单词图片的拼接，按照英语词汇联系的紧密度进行组织排列。

5. 表演、歌曲和韵律诗

课堂教学的创新，要让少儿不仅能读故事、听故事，还能依据故事情节精心表演展示，这个过程可以激发少儿参与积极性，在故事表演的过程中还能进行英语词汇的巩固练习。

四、组织班级图书角

通常情况下，小学生的班级课堂中都会安排一个图书角，图书角的图书包含类型广泛，少儿可以依据个人爱好进行图书选择。当然，为了吸引少儿的阅读兴趣、配合课堂故事教学，我们可以将故事书安插在图书角，提高少儿对故事阅读的便利性。除此之外，还要进行故事书籍的扩充，培养班集体阅读习惯，营造积极的阅读氛围。

关于班级图书角的组织设计，图书角的设置一般要选用比较大体积的图书陈列柜，这样就可以陈列出比较丰富的图书类型，在图书陈列柜中要注意图书排列的顺序性，可以对图书做出细致化的分类，通过分类再进行标签指引。图书角的组建和管理过程，需要师生合作，这样就既可以增进师生之间的沟通，还能使少儿树立责任意识，当然，必要时还可以让少儿提出一些图书排列的改造建议。

应该确保少儿图书借阅的自由度，倡导少儿多阅读，不能对少儿借阅活动设定限制，必要时可以进行借阅记载。图书角在班级的排列既要有秩序，又要富有创造力，要让少儿感受到阅读带来的乐趣。

故事教学为少儿提供了趣味性的教学氛围，教师对故事的精心选择、少儿对故事的反应等都是故事在教学应用中要思考的问题。少儿借助故事进行英语语言的学习，可以促进英语学习积极性，增强英语学习的理解力，加深英语学习印象。

第五节　多媒体教学

以下主要探讨多媒体教学在少儿英语中应用的好处，并对多媒体教学进行深层剖析，分辨运用多媒体教学将实现的教学效果和教学意义，树立理性思维，借助多媒体教学技术的转型进行教学方法的研讨才是重中之重。

一、多媒体应用于小学英语学习的优势

教学发展研究长期以来都有一个核心问题有待解决，小学英语教学要考虑为少儿营造浓厚的英语学习氛围、创新英语教学方式从而促进少儿产生英语学习积极性。由于各种因素的牵制，这个核心问题一直没有找到良好的解决思路。就近年多媒体技术的发展以来，多媒体技术的兴起使得小学英语教学的教学方式创新有了清晰的道路方向。多媒体技术的互动性、集成性、真实性和动态、非线性的信息组织方式和特点，可以帮助英语教学实现创新。

（一）提供适宜的学习环境

多媒体技术的集成性可以将多维度的信息结合在一起，比如我们在教材中所涉及的图片、音频、视频等，这种多维度信息的结合给学生带来了情景式教学，学生

调动多个感官系统进行学习，补充了在传统教材以外的教学信息，使学生对教学内容产生深刻印象。同时这种多个感官刺激下展开的教学形式更加促进了学生认知思维层面的创新，学生在这种教学方式的驱动下可以激发求知欲望，让他们对教学活动充满新鲜性，从而增强英语教学效果。

（二）激发小学生的学习兴趣和内在动机

多媒体情境教学中，小学生在学习进度把握上可以根据自己的实际情况进行调整，学生在一定的学习范围内可以自由地进行学习内容的排列。这种教学模式可以激发学生主人翁意识，发挥自觉意识，加强自我管理和自我学习，找到自身优势和短板，并通过多媒体教学的反馈制订针对性的解决方案。

多媒体所设置的这种自主情境式教学可以有力调动学生学习兴趣和内在动机，学生在完成计划任务之后会产生强烈的满足感，这种满足感可以持续激发学生的学习动力。除此之外，多媒体的大部分特点优势正好契合学生身心发展，这种新颖的教学方式可以激发学生的求知欲，学生在面对直观丰富、生动灵活的教学内容时会在心理上产生兴奋感，从而激发学习的积极性。

（三）实现资源共享

多媒体在教学活动中的应用可以实现教学资源共享，帮助专业性知识的拓展和延伸，丰富教学资源库，同时还可以为教师提供丰富的教学信息，从而实现整体教学效果的提升。

一方面，多媒体技术在教学资源上的共享意味着在任一地域、学校和班集体中都可以获取同等的英语资料，确保所有接触英语资料教学的少儿能获得较为丰富的语言成效；另一方面，多媒体技术在教学活动中的应用需要教师思考以怎样的方式才能实现教学创新，这就要求教师要定期接受培训，以掌握多媒体技术的使用，从而实现教师整体技能和综合素质的提升。

二、多媒体条件下小学生英语学习的可行性与效果

近年来，我们依据多媒体技术在教学活动中的革新对小学英语学习的可行性与效果做出了初步探讨。多媒体技术在小学英语教学中的应用是具备实践优势和发展可能的，同时，还阐述了多媒体教学在少儿英语学习中对语音、语义、单词和句子

再认、学习兴趣提高等多方面的效果。

（一）形成正确的语言和语调

少儿初步接触英语的阶段，其英语发音最具可塑性，多媒体技术在少儿英语中的应用，可以发挥其感官联动性优势增强英语发音可塑性的效果。就目前我国少儿英语的发展现状来看，少儿英语发音练习相对来说缺乏专业师资团队的引导，因此少儿口语发音的教学内容安排还没有得到一定的发展。

多媒体技术在教学活动中的普及改善了这一现象，通过多种形式的练习，提升少儿英语发音的水准。比如，少儿在多媒体技术提供的虚拟化情境中，可以自由地学习和掌握知识点，在学习过程中少儿还可以进行循环多次的练习，从而达到增强英语口语发音的正确性。

（二）促进词形再认与语义理解

多媒体技术信息共享性优势，可以集成知识点多种信息表达方式，增强少儿对英语学习的记忆力，在深刻记忆力的前提下形成个人对英语单词的理解力。认识英语单词是进行下一步英语学习的前提基础。多媒体技术可以让少儿体验单词学习丰富性、趣味性。最大限度地挖掘少儿想象优势，通过单词联想加深记忆。例如，我们发现少儿通过多媒体学习后，可以对已掌握的英语单词进行快速分辨和释义。

多媒体技术所包含信息的丰富性为少儿提供了灵活多样的教学情境，与传统的单一纸质化教学相比，多媒体教学更具立体化、沉浸式。例如，传统的英语词汇教学只能刺激单一的视觉感官系统；学习内容与少儿心理成长不太契合；少儿词汇学习的效果体现不够明显。恰恰相反的是，多媒体环境能为学生提供丰富的词汇信息，还会结合某种实际例子进行教学运用，通过多样化的教学形式锻炼学生的词汇理解能力。

少儿借助多媒体动画学习时，可以借助母语和英语的双语情境，快速提炼英语对话中的关键信息，从而实现语言能力的进步。当然，多媒体教学活动的使用并不完全体现优势，少儿借助多媒体动画只能进行简单的听力发音练习，无法通过动画观察到发音口型的变化。另外，多媒体教学所提供的丰富知识信息只对一部分基础较好的学生起作用，而基础较差的学生原本就积累了很多知识难点，再经过大量信息补充后，由于难以理解知识点，从而增加了学习压力。因此我们需要思考如何借助多媒体技术尽量发挥其积极作用，帮助少儿提升英语水准，增强教学课堂效果。

三、多媒体条件下小学生英语学习的影响因素

借助多媒体技术的潜能优势，少儿英语学习表现出强烈的积极性，多媒体技术所提供的教学情境，也在较大程度上促进了教学质量的提升。尽管多媒体本身是具备多种潜能优势的，但由于各方面因素的制约，我们需要重新认识多媒体在教学中的影响和作用。尽量发挥其积极作用，推动教学工作顺利进行，同时我们还要考察多媒体技术在少儿学习过程中出现的制约性因素。

（一）恰当的语言输入

在多媒体情境化学习中，恰当的语言输入对学生学习能力的提升有所帮助。学者克拉申提出了输入假设理论，主要讲述学生在可理解的语言输入前提下，表现的积极性更高，学习效果更好。因此，我们要确保学生在掌握基础语言知识的前提下，再进行下一步课程知识的学习，避免学生陷入信息混乱，借助多媒体优势建立知识之间的关联性，增强学生对语言知识的理解力。

（二）学习材料的制约

学生多媒体情景化学习受到学习材料的影响，学生在多媒体动画教学中可以对具体化的名词、形容词的理解程度较为深刻。除此之外，多媒体信息输入也是教学影响因素之一，在多媒体潜在优势中，多媒体为教学发展应用提供了大量集中性的知识信息，尽管相对来说这些信息的补充可以增强教学效果，但不能完全保证其提供的知识信息都能对教学应用起到积极作用。

由于学生精力和时间有限，在面对多媒体提供的大量知识信息时，应该学会主动把握重点知识信息。同时还要注重学语言词汇和语法的呈现方式，在一个语境中，对关键性英语单词和词汇要进行重复练习，这样才可以牢固掌握语言知识点。

（三）学习者自身因素

学习者主观心理也对学习效果产生影响。尽管多媒体技术在教学中的应用，帮助学习者提升语言理解能力还提供了丰富的知识信息，对学习者来说多媒体技术在教学中的应用，是教学形式的创新进步，激发了学习者学习的兴趣，但实际来说，它的作用发挥要建立在学习者本身是否愿意学习的基础上。

将学习者的学习情况分为任务式学习和主动意愿学习。通过两种情况对比，我们发现主动意愿下学习者的学习成果更加突出，在学习过程中更具积极性；而任务式学习情况的学生者相对来说只是在完成任务的前提驱动下进行学习，其整体表现的积极性并不高。

因此我们可以看出，少儿主观心理对学习效果呈现产生的影响，我们要得到比较满意的教学成果，就需要在某种程度上激发少儿的学习兴趣，充分调动学习的主观能动性，营造积极的学习氛围。

少儿英语基础知识的掌握程度对进一步的英语学习产生影响。英语词汇的掌握是英语学习的前提基础。在英语语音练习中，我们发现基础较好和基础较差的少儿在进行重复性的多媒体动画教学中，基础较好的少儿能快速定位关键词汇，而基础较差的少儿只能在重复性练习中实现从陌生到模糊的转变。

这就意味着少儿基础知识掌握对教学效果呈现具有一定的影响。少儿英语语义的学习大部分借助情景化教学的方式，但是这个理解过程仍然需要少儿具备一定的英语词汇基础。

（四）教师课堂的组织

教师对学习活动的组织同样影响少儿在多媒体条件下的英语学习。尽管多媒体技术的成熟和普及为教学提供了很多创新性发展，特别是多媒体、互动性以及集中性等特征，为教师的教学活动提供了灵活性和便利性。但是教学活动不能脱离教师的指导，教师在教学活动中始终扮演着主体角色。

教师在教学活动中的地位要求教师要树立因材施教的教学理念，借助多媒体优势，激发学生思维兴趣，调动学生学习的主观能动性，为学生营造一个健康积极的教学氛围。

多媒体环境的教学中，英语教师的合格性标准有三个：第一就是掌握英语专业知识；第二就是教学法方面的知识；第三就是鉴别、选择使用多媒体等技术的知识和技能。多媒体技术的兴起，对教师的要求也逐渐增多，教学方式的创新就意味着教学理念和技能也要随之更新。

以上主要介绍了多媒体技术在教学活动中的应用对少儿学习的影响和意义。多媒体技术为少儿学习增添了丰富性、趣味性的教学资源，为少儿综合素质的提升起到了铺垫作用，教师要最大限度地发挥多媒体优势，增强课程效果。

第五章　少儿英语课程教学评价

第一节　评价的基本概念与类型

评价是对一项量或质的记述基础上进行价值判断的活动。实际上就是对事物的现状或事实进行客观描述。事实判断的基本要求是客观性，即不加入任何主观色彩，对事物本来面貌进行真实的描述。

价值判断和它有一定的区别，价值判断受到主观和客观两方面因素影响，是在客观事物上结合评价者的主观思想，来对客观事物进行评判。其中受到评价者的主观思想的影响，表现出来的是客观性与主观性的统一。其中主观性是评价者对事物原有的认知，反映的是评价者的愿望。

美国学者格朗兰德对以上关系做出了简要的表述：评价 = 测量（量的记述）或非测量（质的记述）+ 价值判断。

一、评价的基本概念

理想的评价应该是有效的、可信的、可操作的，对教学没有负面影响。此外，开展评价活动需要在人力、物力、财力和时间上有一定的消耗。这些累加起来费时费力，为平时的工作增加负担，所以为了能进行有效评价，需要在条件允许的范围内进行抽样。

（一）效度

效度指一项评价的有效程度。评价的效度主要有 3 种，分别是内容效度（content validity）、构念效度（construct validity）和表面效度（face validity）。

1. 内容效度

指评价活动是否真正评价了想要评价的内容。比如，在对初学者学习的一般现在时掌握情况进行测试时，我们就需要考虑我们的提问能不能体现出初学者运用一般现在时描述日常事务的整体能力。在考查时我们也做不到面面俱到，所以我们需要运用代表性的项目对学生语言运用能力进行测验。

2. 构念效度

指评价活动是否评价了想要评价的内容，而不是任何其他的内容。少儿英语教学通常从词汇、听力、阅读、口语和书面表达等方面进行评价。有时候，评价其中一项需要涉及其他项目。例如下面这道题目。

Fill the gap with an appropriate verb in the correct form.

Mr. Smith normally __ a red Mercedes.

学生要正确回答这道题目，需要具备的知识是哪些？通过这道题目测试，我们的测试目的在哪儿？通过仔细研究分析，我们能得出结论，学生要正确回答这道试题，需要具备以下能力。

（1）一定的阅读能力。我们不能排除一些学生有一定的英语口语能力，但在英语识字能力上有所欠缺。

（2）能够阅读和理解试题的要求。假设学生能够理解 appropriate, verb, form 这些词汇；能准确地知道教师设置这个填空的目的；并具备这个填空所需的词的积累。可能想测试学生是否知道 drive 这个动词，但学生可能会用动词 have 或 have got。

（3）知道运用哪种时态以及这种时态下动词形式需要进行怎样的变化。知道 Mercedes 的意思，在这道题中添加了特定的社会文化知识，但被测试者不一定知道。如果 Mercedes 指的是一种自行车的牌子，那填写 rides 也能成立。如果学生的答案是：Mr.Smith normally puts a red Mercedes. 这个时候又应该怎么去评分？后者学生给出的答案，说明学生已经掌握了题目的要求，知道在一般现在时态下，主语为第三人称单数时，谓语动词需要加 s。但其中的动词用得不恰当。

3. 表面效度

指从表面上看评价活动是否评价了想要评价的内容。就是外行人从表面上看评价活动是否有效，评价内容与内容目的是否一致。但它只考虑评价活动与评价目的之间的明显的、直接的关系，所以想实现表面效度保持在一个高的水准上，需要让评价内容和评价目的密切关联起来。

（二）信度

评价的可信度简称为信度。评价信度主要分为测试信度（test reliability）与评分者信度（scorer reliability）。

1. 测试信度

指使用同一测试工具对同一被试者进行数次测试的结果的稳定性与一致性。数次测试结果越趋于一致、越稳定，那么该测试的测试信度就越高。人们对测试的信度方法和衡量测试信度的方法进行了大量的研究，但研究出来的方法，大多数消耗太多的时间和人力。依靠学校提供所需资源保证试卷完全可信也是难以实现的。由此，每一份试卷的信度都有限，测试编制者需要在最大限度内提高试卷的信度。与此同时，测试编制者需要考虑各种偶然性的干扰因素，以及后续如何排除干扰，以此来提高所编试卷的信度。

2. 评分者信度

指不同的评分者对同一试卷所做的评分判断的一致程度。在某些测试中，不能确定一个标准答案。在英语测试中，填空题比选择题有着更大的开放性，写作的开放性又比填空题大，正确答案也就多样化。例如下题。

He __ to the cinema.

这道题的正确答案就有很多，填写 goes, went, will go, has been, will have gone, would like to go 都可以。

像这种情况，就有必要向评分者提供统一的评分指导，以此来提高评分者信度。比如，提供所有能够接受的答案，或者提供可接受答案的共性。如果评分人数超过一人，则需要进行讨论、开会决定统一的打分标准，以避免出现学生间的困扰以及后续引起家长对学校的质疑、不满等。同时这也是节约教师评卷时间、学生答卷时间、教务处收录成绩时间。

评分者信度关乎后续的各种事项的推进，所以，不能为了节省时间而忽视信度问题，也由此，需要特别注意当评分者人数超过一人时，需要进行商讨决定，使用统一的评分标准。

（三）抽样

1. 英语科目评价中的难题

在工作中评价的对象往往是一个大规模的群体，而进行评价的资源有限，这个时候就需要进行抽样。

举例来说，想了解学生对一般现在时的掌握情况，需要问几个问题。在第三人称是单数的情况下，我们可以设计 5 道主语为 he 的问题，设计 5 道题目，是为了测试学生对技能掌握的稳定性情况。其中有一道设计如下。

He __ to the cinema everyday（go）.

最后为了保证内容效度给出基本动词 go，与此同时，学生对 she 和对 he 的掌握是否一样，我们无从确定。由此，我们也需要设计几道主语为 she 的测试问题。

至此，问题并没有结束，一般现在时的主语可以是第三人称单数，也可以是第三人称复数，还可以是第二人称或第一人称，甚至可以是人名或一个代词。除了一般现在时的陈述句，还有一般现在时的疑问句和反义疑问句。由此，从理论上讲，为了测试学生对一般现在时的掌握程度，我们就需要按照表 5-1 所示，设计分别对应的测试题目。

表 5-1　考查学生掌握一般现在时的试题数量

12 个主语	5 种句式	5 种试题
I/ You/ He/ She/ It/ We/ You/ They	陈述句（包括肯定和否定两类）	
John/Building	疑问句（包括肯定和否定两类）	
John and Mary / Ideas	反义疑问句	

从表 5-1 可以算出，为评价学生对一般现在时的掌握情况，我们需要设计 300 道试题，这仅仅是针对一般现在时的句子结构来算，一般现在时在用法上还有多种形式表达，如果将所有评价维度考虑进去，那么可以想象，测试题的数量能达到惊人的程度。

我们不可能对 300 到试题一一测验，需要对试题进行筛选，然后再对学生进行测试。这时，问题就转变成了怎么选择试题。

现在假设有甲和乙两名学生，甲只知道 300 个试题中的 40 个答案，而乙却知道这 300 个试题中的 260 个答案。这时，我们从 300 道试题中选出 40 道对学生进行测试，出现的结果可能会有：被选出来的 40 道试题正巧是甲知道正确答案的题目，甲得了满分；被选出来的这 40 道试题恰恰是乙不知道正确答案的题目，乙得零分。

这种情况极其少见，但不能否认的是这种情况的概率不为零，所以也有可能会出现。所以这时，我们设计的测试卷就是有问题的。这也说明，在我们不能将所有的可能都设计于试题的情况下，为达到知识掌握情况，需要谨慎考虑选择哪些试题进行测试。我们选择的试题要具有代表性，也要在数量上进行控制。我们想要用少量试题全面测试出学生对某一知识的掌握情况，了解学生的某种能力时，就需要抽样技术的辅助。

2. 抽样方法

从同类型的整体中抽取部分样本，要求这个从抽取出来的样本能预测整体情况。以此，我们可以在减轻工作量负担的情况下，通过一个部分的情况来预测整体情况。以抽样方法的基础是否为概率理论，可以把抽样分成两个大类。

（1）概率抽样。概率抽样指根据概率理论来选择样本的方法。它包括等距抽样法、多阶段整群抽样法、简单随机抽样法等。

（2）非概率抽样。与之相对的，非概率抽样指不依据概率理论选择样本的方法。包括便利抽样法、目的抽样法等。

从上，我们可以看出，概率抽样相对于非概率抽样是较为稳妥且更具有整体代表性，非概率抽样则存在偶然性，没有办法以抽取的样本来推断整体情况。

二、评价的基本类型

我们将教育评价根据评价对象和评价功能的不同，分为总结性评价、形成性评价和诊断性评价。在评价过程中由于分析出来的数据有一定的差异，和在进行评价时对照的标准不一样，我们又将教育评价分为常模参照评价和标准参照评价。

（一）总结性评价

总结性评价指在结束一个阶段或者一个完整的课程之后，对整个阶段或者整个课程的效果、结果做出全方位的评价。总结性评价一般会和等级评定挂钩。

1. 总结性评价在课程方面的功能

在课程方面，总结性评价主旨在检测课程方案实施是否可行，然后对方案进行完善和推广，为其他课程方案提供一定的依据。

2. 总结性评价在教学方面的功能

（1）评定学生学习成绩，确定教学效果。总结性评价在教育工作中是最常见的，它的用途主要是用来对学生的学习成绩进行评定，通过总结性评价可以反馈学生在一个教学阶段，对教育目标的实现情况，以此确定教师的教学成效。

（2）反映上一阶段教学情况，反馈教学信息。以详细的数据情况分析、评价为支撑，对上一阶段的情况进行信息反馈，不仅能帮助教师了解学生对上一阶段的掌握情况，还能帮助学生找到自己在上一阶段的学习中存在的问题，进而明确帮助师生共同来制定下一阶段的目标和任务。其中“下一阶段”有双重含义，比如，对于一个英语教师一个学年的教授学习完成后，他既能继续教授下一学年同年级的教学，也能开始下一个年级的教学。

（3）预测下一阶段教学效果。总结性评价往往具有预测性，即通过这个阶段的总结评价，能预言下一阶段师生教学的效果。例如，从上一阶段总结性评价来看，假设师生能继续保持状态对待下一阶段的教学，那么预示着下一阶段能继续取得优异成果。虽然这个预测有一定的可取性，但也不能完全相信或以此为据，因为在这个过程中，不可控的变化因素有很多，比如师生在学习或工作上的态度问题、努力程度以及教学条件等方面都有可能随时发生变化，也因此，需要我们辩证看待总结性评价的预测性。

（4）为学生的学业成就水平提供证明。总结性评价在学生方面最为常见的就是为学生的学业成就水平提供证明，除此之外，总结性评价的结果也可以用来证明学生对某个学习内容的掌握情况。值得注意的是，这些情况的前提都要求评价的信度和效度都比较高。

综上所述，总结性评价是对一个阶段的学习进行总的评价，比如毕业考试等。总结性评价主要检测学生综合语言运用能力的发展程度，包括语言技能、语言知识、情感态度、学习策略和文化意识 5 个方面。英语的总结性评价应该根据各阶段的目标来确立评价的内容以及评价方式。具体可以包括听力、写作、口语等方面，听力方面应该注重测试或者检查学生的理解力、获取信息的能力等，避免出现单纯的辨音题脱离语境的题型。写作方面应该注重测试或者检查学生对所学知识的综合运用能力，能否表达真实想法的能力等。口语方面应该注重测试或者检查学生的语言表达力、交际能力的运用。

英语总结性评价应该是将知识、技能评价融合，重点了解学生在具体情况下运用英语来表现的能力，同时还有加入对于学生的情感态度方面、文化意识方面的了解。测试的形式或方法应该是多样化的，对主观题以及客观题的设置需要科学、合理。当然，各阶段学生认知能力各有不同，小学的总结性评价也应该结合小学生的认知特点，来选择合适的方法，做到简单化，且更有实用性。

（二）形成性评价

形成性评价是在教学实践中开展的评价，更注重过程性和系统性。形成性评价通过课程实践中的数据来对正在进行的教学实践进行信息反馈。为教学实践工作者提供实时信息反馈，以此来帮助实践工作者对接下来的教学实践进行完善。

在课程方面，形成性评价同样能反馈实时信息，便于课程设计者及时找到存在的问题，加以纠正。

在教学方面，形成性评价可以对师生进行实时信息反馈，对教师和学生来说这是个能及时发现问题并能及时调整的有利条件，从而能提高教和学的效率。

1. 形成性评价在教学实践中发挥的作用

（1）促进教师教的改进。通过形成性评价的信息反馈，教师能从中知道自己的教学目标、教学内容、教学方法、教学手段等是否合适。这些信息反馈能让教师对教学中不合适的地方进行及时纠正和完善。

（2）促进学生学习的改进。通过形成性评价的信息反馈，学生能对自己在某个学习内容上存在的问题及时发现，并为此纠正和改进。

（3）激励教师的教和学生的学。形成性评价的信息反馈，除了能反馈教师和学生在教学过程中存在的不足外，还能反馈教师和学生做得好的方面，这个信息对教师和学生来说都是一个认可性评价，起到了一个激励的作用。

其中，形成性评价并不评等级。这也是为了让课程实践工作者、教师或学生能从心底接受最真实的评价，而不产生抵触心理。这样才能达到对课程与教学实践有效的改进。

2. 形成性评价在教学实践中的运用

（1）评价方法需要合理、多样。教师需要根据各阶段教学特点与评价目的，结合学生的心理发展规律、认知水平等，让评价方式合理化、多样化，为学生全面发展和知识的完善提供有利的条件。

（2）与总结性评价相结合。在少儿英语科目中，形成性评价可以采取与课堂教学活动相近的方法，学生能在教师指导下，根据自己的情况来对评价方式进行选择。总结性评价采取的方式应该是综合性强的具有表现性的方式，可以将听力、笔试、口试等结合起来，综合考查学生的知识运用能力。融合形成性与总结性评价更好地为学生服务的同时也为自己教学工作服务。

（3）坚持激励原则。形成性评价的主要目的通过不同的形式给学生反馈信息提供具体的指导以促进学生学习。教师在此过程中需要及时关注学生的学习情况以及在过程中出现的问题等，根据实际情况来对自己的教学目标、教学方法等进行及时的调整，以提高教学成效。当然，在形成性评价中不能只看到出现的问题，还需要对做得好的方面进行肯定，积极鼓励学生自我反思，进行自我提高，指导学生对自己的学习行为和学习成效进行评价，让学生通过参与能增强信心，有效改进学习过程和学习节奏。

（4）加强与学生之间、家长之间的交流。对于评价结果要及时反馈给学生以及家长。和学生进行不同形式的交流，肯定进步，鼓励提升。和家长也要争取进行有效沟通，通过家校配合全面促进学生的发展。

（三）诊断性评价

诊断性评价指在课程与教学实践活动实施前，对各种课前准备以及上一阶段实践中出现问题的原因进行的评价。诊断性评价能为教学方向服务，增强教学针对性。

1. 预测课程方案

诊断性评价可以预测课程开发与课程方案，通过这项与此预测，能确定课程方案中可能出现的问题，以此来调整新课程方案。在调整的基础上再次进行预测，达到新方案有效可行。

2. 甄别差异

在开启一个新阶段学习时，部分教师会习惯性地将所有学生划分在同一起跑线，即学生全都没有掌握计划内的目标，同时学生都有新内容学习需要具备的各方面的条件。通过不断的实践和探索，这样的假设是美好而不可靠的。同一起跑线上的学生有着各种各样的身心差异。诊断性评价的一个重要功能就是甄别差异，让教师能更好地将这些学生分为不同的教学序列，以此进行因材施教。

3. 调整教学方案

教学前的诊断性评价能知道学生在某个目标或者整体性目标上的实现情况，以此对学生能否进行下一阶段学习进行判定。对于先天条件较弱的学生来说，在没有掌握当前阶段学习的情况下开展下一阶段的教学，会让他们陷入一个恶性循环。而诊断性教学评价可以帮助教师指出学习内容中的不足之处，以此来为学生提供针对性的补偿教育或教学方案调整。

与此同时，对课程开始之前就已经达到设定目标的学生，诊断性评价能对这部分学生的掌握程度进行分析，也由此对这部分学生的课程进行调整。借助诊断性评价，找到合适的学习起点。

4. 准确定位学生条件

通过诊断性评价还能判断学生的非智力特征，比如学生的兴趣爱好、学习风格、个性等，这些非智力特征对于教师实施教学有着重要的影响。

5. 导向性

通过诊断性评价找出上一阶段教学中出现问题的原因，以此为出发点，为下一阶段开展针对性改进教学提供方向。

（四）常模参照评价与标准参照评价

1. 常模参照评价

指对照常模群体的水平对被评价者的测验分数进行解释。常模群体范围不固定，可以是选定的群体，也可以是被评价者所在群体本身。之所以叫常模，是因为这个群体的平均数一般能反映出整体的结果。对照常模，对被评价者的成绩进行比较，并且把结果数量化，作为导出分数。以此对分数进行解释，突出被评价者在常模群体中的位置，对评价者来说，有具体依据的可以用来评价和选拔。从中我们可以看出，这种评价方式带有一定的竞争性。

2. 标准参照评价

根据某个特定的标准来解释被评价者的测验分数，称之为标准参照评价。这当中特定标准，一般能通过个体对应该完成的任务情况来判断。这个标准，有利于评价者对被评价者出现的具有代表性的问题进行分析，判断被评价者的真实掌握情况。从用途上来讲，标准参照评价主要用于达标性的考试。

第二节 少儿英语教学评价

一、少儿英语教学评价的对象与目的

（一）少儿英语评价的对象

少儿英语教学活动是少儿英语教学评价的对象。具体展开来理解，少儿英语教学评价不只是对学生“学”的评价，还有教师“教”的评价；对少儿英语教学从准备到实施过程最后到呈现结果都有相应的评价。具体可以从表 5-2 来理解。

表 5–2 少儿英语教学评价对象矩阵

<table>
<tr><th rowspan="2">教学
主体</th><th colspan="3">全程</th></tr>
<tr><th>准备状态</th><th>过程</th><th>结果</th></tr>
<tr><td>教师</td><td>教学准备情况</td><td>讲授行为</td><td rowspan="2">教学效果</td></tr>
<tr><td>学生</td><td>学习准备情况</td><td>学习行为</td></tr>
</table>

（二）少儿英语教学评价的目的

1. 目的

（1）了解师生的教学准备情况。

（2）对教学过程进行监控。

（3）为教师的教和学生的学提供反馈信息。

（4）激励教师的教和学生的学。

（5）促进教学的改进。

（6）激发学生对英语的学习兴趣和信心，促进学生发展。这也是少儿英语教学评价的根本目的所在。

2. 做法

少儿英语教学评价的目的在上；诊断性教学评价的目的是了解、判断师生的教学准备情况；形成性教学评价的目的是能在教学过程中随时发现存在的问题，及时为师生提供反馈信息；总结性教学评价的目的是评价教学的效果。综上我们可以结合各类教学评价方法，来对教师和学生的少儿英语教学上进行更深层次的完善。

（1）充分发挥评价的积极导向作用。评价在整个教学中起到了监控教学过程、激励学生学习、促进教师改进教学、反馈教学信息等诸多作用。因此，评价要为学生、教师、学校、教育部门的发展服务。对学生：评价需要让学生在英语学习过程中感受到乐趣，体验到进步与成功感；要对学生认识自我、树立信心起到促进作用。对教师：要能为教师提供及时的英语教学反馈信息，以此对教学进行有效调整，促进教师的专业水平不断提升。对学校和教育行政部门：要能反映出课程的实施情况，以便及时对教学管理进行改进，达到促进英语课程的不断发展和完善。同时，评价还需要有利于家长和社会掌握学生学习情况、了解教学的目标、掌握教育的发展方向，以此多方合作、努力，共同推进课程的实施。

（2）体现学生在评价中的主体地位。学生不仅是学习主体，在评价方面，同样学生的主体地位不可动摇。各类评价的确立和实施都是以学生的发展为目标。在各种评价活动中，学生都应该积极参与，主动配合。在教师指导下，将评价作为促进自身发展和学习的工具。从评价中发现和分析自己在学习当中存在的问题，针对这些问题进行自我反思，而后做出相关举措加以改进，做到方向明确。教育行政部门、教研部门和学校应当树立的评价观念也是以学生为主体的，以此来对评价机制进行调整、完善，不断激励学生、促进学生全面发展。

（3）依据课程目标要求确定评价内容与标准。课程评价内容的标准取决于课程目标。所以，少儿英语教师在确定评价标准时应该综合考虑课程目标中的语言技能、语言知识、情感态度、学习策略和文化意识 5 个方面的目标和要求。根据学生的实际情况，选择合适的、科学的评价内容，以保证评价的有效性。

（4）注意处理教学与评价的关系。英语课程实施过程离不开教学与评价，教学是培养学生语言运用能力的主要过程，评价则起到监督作用，二者之间的关系密不可分，这就需要教师正确对待和处理。评价要为教学服务，同时要促进教学。教学需要通过评价来进行完善。少儿英语教学要明确语言运用能力为主的命题指导思想，教学始终围绕学生实际语言运用能力发展而展开。

（5）评价应以激励学生学习为主。少儿英语教学评价应该以教学内容为据，采取合理化、多样化、可选择化的评价形式来充分调动学生的学习兴趣，帮助学生树立信心。小学阶段的评价应以形成性为主，重点评价平时的表现。小学中、低年级的总结性评价应该采取学生易接受的活动形式。小学高年级的总结性评价应该合理采取口试、听力和笔试相结合的方式，综合考查学生的能力。总结性评价的成绩评定对小学生来说不适合采用百分制，可以采取等级制或达标制等方式。

二、少儿英语教学评价的常用方法

（一）测验法与少儿英语阶段性教学结果评价

在少儿英语教学中测验法是教师的常用评价方法。测验法评价即通过编制、使用测验量表或测验试卷进行评价的方法。

测验量表中，题目的答案没有标准，每一个备选项都代表着一种可能的反应。测试者通过分析被测试者的作答，来对被试者在某种方面的特征进行判断。常见的测验量表有卡特尔 16 种人格因素量表等。针对少儿教育教学的学生非智力因素诊断性评价，一般就是借助各种测验量表得出结论。

测验试卷中题目一般都有标准答案，对试卷中含有的开放性题目，也会给出相应的标准范围。测试者通过试卷想要考查的是被试者实际的反应与施测者期望的反应之间的相符程度。我们熟知的期中测试卷、期末考试卷等都属于测验试卷。开展少儿英语教学总结性评价时，一般使用试卷测验法。

1. 少儿英语语法或词汇测验

少儿英语语法或词汇测验具体有选择、填空、组句、句型转换或重组、短文改错测验。

（1）选择测验。其中，目前考试中最常见的测试方法是判断正误和单选，因为这两种题型既容易打分，又能保障信度。但是，这两种题型也存在一些问题，比如，这两种题型在判断学生是否具备辨识正确答案的能力，以及辨识正确形式或单词的能力上有较好的效果，但在学生使用和产出语言的能力上、以运用正确的形式或单词能力上无法检测。另外，也不能排除学生不知道答案，靠猜测来选择，正好选择的就是正确答案；针对某种测验内容我们也很难对答案进行设计，加入足够的干扰选项；这两种题型缺少上下文语境或词汇测验，在理解上会造成模糊的界定，这时，答案就会有不确定性了。

（2）填空测验。少儿英语语言输出能力测验一般以填空题为测验。在使用这种题型时需要测验设计者考虑以下方面。

是否应该给出语境。语境的省略有时会导致答案的唯一性。

是否应该给学生提供帮助，如示范或提示。当我们想要学生给出的答案是我们想要学生表达的项目时，让学生对试题理解和测试者的意图保持一致时，给学生一些提示，能保证学生的思维向期望方向靠拢，更有助于学生表现出我们期望的反应。同时，给出提示有可能降低测验的难度或改变测验的重点，这是需要测试者进行酌情考虑的。

是否应该选择特殊的词来设计填空，还是根据统一标准设计填空，或者是结合二者进行设计。设计一定间距的填空是源于，对熟练掌握一门语言的人都能轻松地预测出要填的词的基础。它要测验的是学生对语言整体的掌握程度。

完形填空中还存在一种方式，就是给出语境后，每隔一个词就删掉一个词，但给出首字母作为提示。这样的设计源于测试者能利用简短的文章或句子来设计尽可能多的问题。但其中，有些被删去的词无法猜测出来的，这时就需要设计者考虑调整。

另外，需要设计者注意的是，这时基于对学生的语言测验，不是考验学生的智力水平，所以在材料选择上需要符合学生的阶段水平。

（3）组句、句型转换或重组测验。测验学生的语法或词汇掌握情况也可以用组句来进行测验，根据设计者在题目中对被试者帮助程度，可以对测验题目难易等级进行判断。比如，最简单的方法是打乱单词顺序，让学生重新组合。再难一点就是，测验设计者给出句子的主要单词，学生补充缺失的单词，构成完整正确的句子。再加大难度，施测者可以给被试者一个句子，被试者对给出的句子在保持句意不变的情况下换一种表达方式，进行重写。以上就是型转换或重组测验。

（4）短文改错测验。短文改错测验不仅能测验学生对于英语语法或词汇的掌握程度，对学生如何正确判断自己的学习情况能力和意识起到促进的作用。这也是培养学生的自我评价的方式之一。

2. 少儿英语阅读和听力水平的测验

少儿英语阅读和听力水平的测验除了选择、填空外，还有匹配和排序。匹配即给学生一篇文章进行阅读，或者进行听力测验，让他们在多个选项中选择答案。如果需要加大难度，可以增加干扰因素，或者改变提问方式等。排序是根据提供的材料对句子的顺序进行排列。这种题型的加工的信息量大，一般不会用在排序里，而是用在阅读测验中。但是也不能完全说排序里面没有这么复杂的难度，难度较大的排序一般运用在较高等级的听力测验中，对学生的听力、记忆力方面要求较高。

3. 少儿英语写作能力

少儿英语写作能力也能运用上述的方法进行检测，但由于写作具有开放性，对评分者的信度问题来说是一个考验。降低评分者的主观性是学生写作能力测验编制的难点。在写作评分方面，大部分教师都是凭主观印象来进行打分，那么评分者的信度就会出现偏差。所以，在少儿英语写作上，就有必要制定一个统一的评分标准。其中，可以将主观印象具体化，包括语言方面（词汇、语法等）和其他方面（内容与题目之间的相关性、段落之间的连贯性、字迹书写的规范性和整洁性等），根据细化后的标准来确定分值比重，对学生的写作能评定更为准确，同时评分者信度也能有效提高。

（二）口试法与少儿英语口语能力评价

少儿英语口语能力评价最合适也最有效的办法就是口试，展开来说可以分为模仿、朗读、对话、看图说话、表演等。模仿就是对听到的话进行模仿复述；朗读是朗读教师指定内容或者学生自选内容；对话可以分为问答式和讨论式；看图说话即让学生对给定图片进行描述，或者在给定图片的基础上加以想象创造，构建一个完整故事，用口头表达出来；表演即让学生将所学的歌曲、所编短剧表演出来。

以上方法的组织形式多种多样，既能单人口试又能双人或多人口试，不局限于教师对学生进行口试，学生之间互相口试也能进行。为保障评分者信度，可以将口试考查项具体化，做成专门的考查量表。

测验法和口试法适用于对学生进行诊断性评价和总结性评价，收集到的数据是对学生某个时间点的检测。如果评价的结果用途不一致时，评价的设计和数据分析也就不同，这也是说明了常模参照评价与标准参照评价的不同。但是，这些方法对师生课堂教学活动过程来说并不适用，运用观察法对师生课堂教学活动过程进行评价比较合适。

（三）观察法与师生课程教学活动评价

观察评价法即通过观察得到数据，再对观察数据加以分析来评价观察对象的方法。想要保障观察的客观性、准确性以及观察评价法的信度和效度，需要在观察前制定观察量表。

制定观察量表首先需要确定观察的对象。其次是确定具体的观察项，并确定每个观察项在整体中的比重，举例说明：将教学方法这一观察项的观察指标分为新颖性、多样性和适切性，它们占总体比重分别是 0.1、0.1、0.8。那么可以看出，我们的要求是希望教师能够对教学方法进行创新，同时还能做到教学方法的多样化，但是相较于这两点，我们更看重的是教学方法是否适合实际情况。最后是确定每项指标的计分制度，我们一般常见的有 5 个，即很好、比较好、一般、较糟糕、很糟糕。通过这 3 个步骤，观察量表就算完成了，就能进行接下来的活动了，即利用观察量表观察课堂教学活动、记录观察数据、对观察记录的数据进行分析、给出评价结论。

（四）档案袋评价法与少儿英语学习过程的长时段、持续性监控

追溯档案袋评价法的起源可以从 20 世纪 80 年代的一场教育评价改革来说，当时教育评价领域的改革者们针对传统教育评价的问题进行了一场改革，改革者们从教育目的着手，提出了“学校究竟要学生知道什么和学会做什么”的根本性问题，并指出教育任务是让学生学会在具体的情境中解决具体问题。由此，档案袋评价法应运而生。

档案袋评价又叫成长记录袋评价。和之前的传统评价法中的标准化、量化不同，档案袋评价更注重质性评价，对学生差异体现了充分的尊重，并且对尊重差异的缘由进行了充分阐释。

从语义上来分析档案袋评价：档案袋有“代表作”的含义。最开始使用这种形式的是画家和摄影家，他们通过对自己具有代表性作品的汇集，向预期的委托人展示。从中，不难看出，档案袋中的作品是由出示档案袋的人自己创作的。将档案袋评价用到教育上，就是学生把自己具有代表性的作品汇集进档案袋，以此来展示其学习和进步。

档案袋的制作包含了一个项目的全部过程。不过也不是全部过程的材料都必须放进去，档案袋里放的材料或内容，都是没有硬性要求的。学生档案袋的建立必须明确的是其建立的目的、提交给谁、怎样使用、建立之后对学生有哪些帮助等。这些因素是档案袋内容选择所需要考虑的。

根据上述档案袋建立要考虑的因素，可以按照种类进行划分。美国南卡罗来纳大学教育学院教育心理学教授格莱德勒（M. E.Gredler）将档案袋以功能的区分为标准，把档案袋分为理想型、展示型、文件型、评价型、课堂型，具体见表 5-3。

表 5-3　格莱德勒教授对档案袋的分类

类型	构成	目的
理想型	作品产生和入选说明；系列作品；代表学生分析和鉴定自己作品能力的反思	提高学习质量：通过一段时间的成长，帮助学习者成为自己学习历史的思索者和非正式的评价者
展示型	学生选择出来的自己最好和最喜欢的作品	向由家长和其他人参加的展览会提供具有代表性的学生作品
文件型	根据一些学生的反映以及教师的评价，观察、考查、成绩测验等得出的有关学生进步的系统的、持续性的记录	通过学生的作品、量化和质性评价的结果来提供一种系统的记录
评价型	主要由教师、管理者、学区根据预定的评价标准建立学生作品集	向家长和管理者提供有关学生在作品方面所取得的成绩的标准化报告
课堂型	依据课程目标对所有学生取得的成绩所做的总结性描述；教师对每一个学生所做的详细观察；教师的年度课程与教学计划及修订说明	在一定情境中与家长、管理者及他人交流教师对学生学业成就的判断

美国教育评价专家约翰逊（B.Johnson）则将档案袋分为最佳成果型、精选型和过程型。语言学科选入最佳成果型档案袋，其内容有大量的写作类最佳作品。精选型档案袋更注重学生在各方面的成果，也因此在时间的花费上比较久，一般在一年以上，经过长期实践，为深刻反映学生成长、高度揭示学生学业成就提供了有利依据。过程型档案袋注重汇集学生的发展性成果，这要求学生将平时在特定领域的进步或取得的成果汇集起来，与此同时学生自己就是评价者，对自己所取得的进步或成果进行评价。

不难看出，档案袋评价灵活性很强，它的建立可以根据使用的目的、提交对象、学生具体情况等因素的不同，而构建具有针对性的方式。但在此基础上，需要我们始终明确的是，构建档案袋的目的在哪儿，构建时还需要进行精心的设计。对于使用者来说最重要的是，需要了解档案袋背后所包含的一套相对应的理论，即新课程教学观、教育观、学生观等，使用者必须了解这一点才能将档案袋评价作用发挥出来。

档案袋评价为学生的发展提供了机会，这也是当档案袋评价对学生的真正出发点和意义所在，让学生自己对自己的进步和成果进行评判。档案袋评价与传统评价的区别在于学生是否参与到评价中去，显然在传统评价中，学生只是被测试者，很难真正地参与评价，也因此，测验对学生来说神秘感十足。档案袋评价则为学生揭开了其神秘的面纱，它让学生自己主导自己的档案袋内容，学生从中不仅能有选择权，同时能对自己的学习质量和进步成果等有更清晰的认知，可以及时进行反思和调整。这一切离不开教师评价观念的转变，新的评价观即对学生的学业成就评价的考查，并非对学生阶段性的总结。

第三节　少儿英语课程评价

一、少儿英语课程评价的对象、功能及其与教学评价的关系

少儿英语课程评价离不开其评价的对象以及评价功能，这两个方面和少儿英语教学评价之间有着密不可分的关系。

（一）少儿英语课程评价的对象

1. 课程开发目的及评价主体

少儿英语课程评价的对象不用多说，自然是少儿英语课程。而课程是什么则是一个需要探讨的问题。

课程开发目的是实现特定的教育目标，而教育目标是由课程来实现的。仅靠开发学科课程难以实现学生全面发展，因此，我们还需要设计、开发活动课程、分科课程、综合课程、显性课程、隐性课程，等等。

让课程设计、开发的成果可视化，首先需要将课程方案和各门课程的教材具体化，课程方案和各门课程的教材包括了目标体系、知识内容体系、活动建议以及一些其他的元素。目标体系是具体化的教育目的，也是为了说明特定方案的目的是什么。知识内容体系、活动建议及其他的一些元素组成了课程方案的核心。将这些元素汇集起来，就构成了教育目标实现的过程，换句话说就是学生学习、发展的过程。

课程方案的主体，是课程设计开发者对教育目标实现过程构想的体现，对这个过程进行简要的概括，我们将它称之为“经验”。“经验”指学习者和外部环境持续交互作用过程中学习者的收获。由于这是两个时空维度，且带有明确的教育性，所以准确概括为“教育性经验系统”。也就是把课程看成是一个带有教育性的经验系统，课程方案是实现教育性系统的设计图。

2. 少儿英语课程评价内容

（1）课程评价实践活动主要包括 5 个方面：①随着这种教育经验的开展，我们期望的教学目标能否真正实现。②如果教育目标没有有效实现，那么问题在哪儿。③假设我们看待课程评价更具有周密性、系统性，除了上述两种评价，我们还要关注为什么要进行课程改革。④新课程方案实施需要什么条件，现在是否拥有或者短期之内能否拥有这些条件。⑤新课程方案是否合理，有没有看不见的问题。

（2）少儿英语课程评价的主要包括以下内容：①随着少儿英语课程的开展，我们期望的教育目标是否能真正实现。②如果教育目标没有有效实现，那么问题在哪儿。③少儿英语课程改革的原因。④实施少儿英语新课程方案需要哪些条件，现在是否拥有或者短期之内能否拥有这些条件。⑤新少儿英语课程方案是否合理，有没有看不见的问题。

（二）少儿英语课程评价的功能

（1）少儿英语新课程方案的修改和改革，让课程修订、改进更有针对性。

（2）在方案的形成过程中，对课程设计开发者进行实时反馈，以便课程设计开发者对新方案及时调整。

（3）和备选方案进行对比加以筛选，选择最优课程方案。

（4）对课程方案实施过程进行监督。

（5）对少儿英语教育预期目标能够实现到哪种程度进行预测。

（6）对少儿英语新课程方案的效果进行评估，明确存在的问题，便于课程改进。

（三）少儿英语课程评价与少儿英语教学评价的关系

课程评价和总结性教学评价几乎一致，课程评价的数据来源大部分来自诊断性教学评价和形成性教学评价。数据使用是课程评价区别于诊断性教学评价、形成性教学评价的依据。课程评价需要这些数据分析，来排查阻碍预期目标实现的因素，是否为课程方案之外的其他因素。

二、少儿英语课程评价的模式与具体方法

通过各个课程学者对课程评价实践活动模式的探索和研究，现在已有的课程评价实践活动模式种类繁多，不同模式之间有不同的目的、侧重点操作程序，等等。

（一）目标评价模式

目标评价模式的形成设计基于泰勒教育评价原理、课程开发原理。泰勒的教育评价原理围绕目标将教育评价过程分为了7个部分。

（1）确定教育计划的目标。

（2）从行为和内容两方面对每一个教育目标的分类。

（3）确定使用目标行为的情境。

（4）设计情境体现的方式。

（5）设计收集记录的方法。

（6）确定评价时使用的计分单位。

（7）设计收集代表性样本的方法，对其评价，对结果汇总。

泰勒认为，要想在研究课程计划时做到系统和理智，必须明确我们期望达到的教育目标，对不同的课程计划进行对比，以此提供一个参照。

在课程评价的具体操作方面，泰勒提出，评价以教育目标为依据，所以提出了6点要求。

（1）目的必须是清楚明确的、具体的。

（2）其次是要给学生提供机会去获得某种教育目标中需要的情境。

（3）以期望目的为据检验提出的每一种评价手段，在检验过程中，对评价手段一一筛选，合适的保留，不合适的进行调整，以此让评价手段为预期目标服务。当然，如果某种教育目标没有现行的教育评价手段可供使用，或者现行的评价手段不是那么精准地能为教学目标服务的话，就需要自己制定一个合适的评价手段。尽管如此，泰勒仍然强调，只有完成前面的两个步骤，才能考虑评价手段问题，因为，只有在评价方法、工具或手段和课程目标相违背时，评价的结果才是无效的。

（4）抽取评价内容样本。

（5）实施评价、收集相关数据。

（6）分析所收集的数据，并做出判断。

目标评价模式强调教育目标，目标需要具有明确性和具体性。课程评价的目标重点在于确定预期教育目标是否正在得到实现，并找出实际结果和预期目标之间存在的差距，以此为依据进行改进。这种模式具有易操作和易见效的优势，这种优势也是它在课程领域长时间占据主导地位的原因。不过，这种模式有它的不足之处，那就是围绕预先设定的教育目标开展活动，会只关注在预期教育目标下活动产生的结果，对于那些在预期教育目标外产生的重要结果往往是看不到或是忽视的。针对这种弊端，有学者提出了游离评价模式，这也是接下来要讲的。

（二）目的游离评价模式

斯克里文（M. Scriven）提出目的游离评价模式，他认为课程评价者的关注点不应该是预期教育目标，而应该是课程计划实际的效应。斯克里文通过不断观察和研究发现，目标评价模式只关注预期效应，忽视非预期效应。比如有些课程计划在实现预期目标时也带来了一些负面效应；有些课程计划在实现预期教育目标方面不太理想，但是也带来了一些积极的结果。所以他指出，以预设的教育目标为依据进行课程评价不可取，因为会让评价者限于预设目标，从而评价的范围缩小，评价的意义也大大削弱。

目的游离评价模式，就是将评价重点放在课程计划实际的结果上。评价者不应该受到预期目标的限制，而应该收集课程计划实际效果各项资料，课程计划实际效果各项资料包括了预期的和非预期的、积极的和消极的，不管是什么样的结果都需要收集起来。这样才能为评价者提供一个全面而准确的依据，精准判断对课程计划的效果。

这一点对于目标评价模式来说确实是一个精准而值得改进的地方。不过，有不少学者指出，目的游离模式针对目标评价模式弊端提出的策略不是很恰当，就是把重要的部分也一起摘出去了。如果采用目的游离评价模式产生的结果很可能会与评价的主要目的背道而驰，与此同时，目的完全游离的评价过于理想化，因为评价者在进行评价时需要一定的标准，否则评价者很可能会以自己的目的为依据来进行评价。

（三）差距评价模式

普罗佛斯（M.M.Provus）注意到很多评价模式没有涉及方案本身所包含的成分，以及一些学校并没有实际落实课程方案的实施，这让课程方案之间的比较失去了意义，所以提出差距评价模式。差距评价模式的目的是体现实际的表现和方案标准之间的差距，以此来改进课程方案。

1. 设计阶段

这个阶段，需要设计者对实际设计出来的课程方案和理想的课程方案标准进行对比，需要注意的是，这里提到的标准是指课程开发者和设计者认为的课程方案应有的性质，它包含教育目标或课程目标、实现目标所需的人力和物力、师生为达到目标所需从事的活动，所以，这一阶段要做的是明确课程方案的标准。标准的明确，有利于评价者评价有所依据，对判断课程方案的可行度以及实施进度也有了一个大体的框架。

2. 装置阶段

这个阶段主要是判定装置方案和原来计划之间的契合程度。其中，包含了预期目标、前提条件和教学过程 3 个方面的比较。评价者的评价依据必须来源于已装置的方案和原定标准之间，关于这些方面的比较。在这个阶段，也存在着一些阻碍因素，即在教学过程中，教师能否按照原定的标准进行教学，如果教师没有实现这个方案标准，那么就需要对教师进行重新培训，方案指南也需要重新制定，或者是停用整个方案。

3. 过程阶段

这个阶段是为了确定，在向最终目标发展时过程中的子目标是否正在实现，对前提条件、教学过程、预期目标三者之间的关系进行更深入的了解，以此来进行必要的调整。这个阶段重点关注教学活动是否产生了预期的结果。

4. 产出阶段

这个阶段是为了确定课程方案的预期终极目标的实现。装置阶段和过程阶段的评价，是为了保障课程方案的构成成分的稳定性和长期性，产出阶段的评价则是对课程方案的实际产出结果和预期结果相比较。

5. 成本效益分析阶段

这个阶段旨在通过当前课程方案和其他方案进行比较，以此来判断更经济有效的课程方案。

从以上 5 个阶段，我们能看出，在这种评价模式里，前面 4 个阶段都是在对实际表现和应达到标准进行比较，找出差距以及差距形成原因，以此判断进行下一阶段该怎么办。这也是其他评价模式没有达到的。但是，在对实际表现和应达到标准进行比较时，有许多价值判断问题是没有办法用一般的评价手段来解决，所以，我们需要借助价值哲学进行衡量。

（四）背景、输入、过程、成果评价模式

背景、输入、过程、成果评价模式（简称 CIPP 评价模式）由斯塔弗尔比姆（D.L.Stufflebeam）等人提出的。CIPP 4 个字母是 4 种评价英文名称的首字母：C 代表背景评价（context evaluation），I 代表输入评价（input evaluation），第三个字母 P 代表过程评价（process evaluation），最后一个字母 P 代表成果评价（product evaluation）。斯塔弗尔比姆提出，评价不能只围绕评定目标的完成度来展开，评价应该是为课程决策收集、提供依据信息的过程。这个过程包括 4 个阶段，也因此形成了 4 种评价。

1. 背景评价

主要是为了确定某个客体，即机构、方案、个人、群体等的优势和不足之处，为课程改进工作提供一个参考依据。它涉及范围较广，对客体的整体情况进行评估，对客体状态有效改进提出相应对策。背景评价还包括判断当前的行动目的和重点与使用者的需求一致性。开展背景评价的方法众多，例如，系统分析、文献评析、会谈、诊断性测验等方法。

2. 输入评价

输入评价的目的是根据委托人的需要结合委托人周围环境，考虑各种备选方案，以此制订专属工作计划，帮助委托人做避免失败或者浪费资源的活动。评价者需要对现有资源进行调查，分析相应的程序设计，对可行性进行判断。具体的方法有文献调研、试点试验等。

3. 过程评价

过程评价目的在于检查课程方案的实施情况，判断方案实施者对课程方案的认可度，对课程管理者提供反馈信息，指导课程方案的解释与修订。评价者需要在方案实施过程中进行持续性的观察，控制活动中的潜在干扰因素，警惕意外因素。

4. 成果评价

成果评价目的在于判断和解释课程方案的效果，包括预期和非预期、积极和消极结果，以此来确定实施的课程方案为评价主体服务的程度在哪儿。值得注意的是，提供未能达到预期目标、未能满足需要与未能按原定计划实施方案之间，相关程度的解释也是非常重要的。

（五）评价研究中心课程的评价模式

美国加州大学伯克利分校评价研究中心（Research Center, CSE）提出该模式。这种模式从 20 世纪 60 年代，由该中心一直研究、实践、推广。CSE 课程评价模式把评价看成一个过程，从这个过程来确认决策者必须做的决定，评价者通过收集、分析资料，形成一个报告，提交给决策者，决策者在进行决策时可以以此为参考。所以，CSE 课程评价模式主要是为了帮助决策者做出正确的决策。

1. 教育系统评估

教育系统评估主要是为了帮助决策者了解教育系统的现状，如当前的教育系统是否符合各个层面的发展要求，以及不符合要求时，可以改进的点在哪儿。评估者一般会把当前的教育系统和理想的教育系统进行对比，以此挖掘出当前系统的问题所在。系统评估可以为决策者提供一个参考，决策者以此来确立新的教育需要和新的教育目标。但教育目标实现的过程不在教育系统评估的范围之内。

2. 备选方案评估

备选方案评估是为了决策者能从众多的课程备选方案中选择最为合适的方案。这个过程包括了评估课程方案与预期目标之间的吻合程度，对实施方案需要的条件方面进行评估，以这些为基础，对各种备选方案达成目标方面的可能度进行判断和评估。

3. 方案实施过程评估

方案实施过程评估的目的在于判断所实施的方案和原定计划相符程度。这种评估活动对新课程实施来说非常重要，因为大部分课程实验、课程改革的最初方案不是那么明确，在实施新课程方案中教师如果消极对待或者照搬不动，那么新方案可能也得不到切实施行，这样，对于新方案的有效度我们是没有办法判断的。

4. 方案改进

为了对方案进行完善或改进，各方案中的项目是否成功落实需要评价者来提供相关材料，评价者需要提供两部分材料：一是预设目标的达成度的材料，另一个是所实施方案对其他方案的影响的有关材料。

5. 方案认证

方案认证是最后一步，同时也是评价者对课程方案整体的评估，为决策者判断这个方案应该怎么处理，是保留、推广还是修正还是终止。方案认证的材料要求非常严格，需要具备相当高的信度和效度。

三、少儿英语教师在课程评价中的作用

少儿英语课程的评价及改进离不开儿英语教师，课程方案本质上是针对学生学习、发展过程的预设。课程设计开发者根据已有经验假设：为学生提供方案中的教育经验，即以特定形式、围绕特定内容、开展特定教育教学活动，就能促进学生的发展，达到预设目标。这种假设还有待实践考证。

教育教学实践中教师作为实践的主体首当其冲，少儿英语课程方案有效性的主体自然而然是少儿英语教师。教师在教育教学过程中只要有对课程方案检验的意识，就能察觉出课程方案是否具有有效性，以及对预设教育目标的达成有没有效果。在传统教学中教师被定性为课程方案的贯彻执行者，在教师的意识中课程方案是没有问题的。也因此当预设教育目标没有达成时，教师会主要考虑自己设计的教学方案、教学计划、教学方法是否出现问题，很少会有人对课程方案、教学材料进行审视和质疑。

当教育教学目标没有能够达到预期设想的程度时，教师对自己教学方面的确应该进行反思，但与此同时，教师还需要思考现行课程方案是否合理，当教师对课程方案进行考查、思考时就是在对课程方案进行评价了。通过教师的评价、分析以及验证得出结论，最后对课程方案进行调整，对于课程方案改进来说是非常重要的改进经验。

教师除了可以对课程方案局部的有效性进行评价，他们还能参与课程方案形成过程中的形成性评价，以及课程方案实施后就课程方案整体效果所做的总结性评价。教师是课程方案的实施主体，对于哪些教育目标的达成需要用到什么样的教育经验、教育方法，教师都拥有丰富的经验积累，也最具发言权，同时，当前的课程方案中存在的问题教师也是最为清楚的。这些说明了在进行少儿英语课程评价和改进时，少儿英语教师必须有发言权，也能在这个过程中发挥教师能够发挥的积极作用。

（一）案例展示 1

表 5-4 详细展示了少儿英语校本课程建设评价的内容。

表 5–4　少儿英语校本课程建设评价表

评价维度	评价细目	等级评定			性质评定及相关分析（优点、缺点、分析）	备注
课程背景	学生发展需求评估 学校课程资源评估 家长课程期望水平评估 ……	优良	尚可	改进		
课程方案	课程目标的确定 教育经验的选择 / 设计与组织 教材的编写 ……					
实施过程	学生的兴趣 资源的配置 （教师、活动场所、设备材料）					
实施效果	学生发展 教师发展 学校发展					
总评	评价者： 评价时间：　　年　　月　　日					

（二）案例展示 2

表 5-5 介绍了少儿英语口语考查评价内容。

表 5–5　少儿英语口试考查评价细则表

项目 \ 等级		优秀	良好	合格	不合格
知识水平	语音	发音准确、清晰	发音比较准确、清晰	发音基本准确、清晰	发音不准确，且含混不清
	语调	语调轻重得当，升、降调正确规范，语流变化地道	语调轻重得当，升、降调较正确，语流变化	语调轻重有些生硬，升、降调基本正确，语流变化较正常	语调轻重生硬，升、降调不正确，无语流变化
	语感	节奏感强，语言流畅，语句连贯、达意，情景交融	节奏感较强，语言较流畅，语句较连贯、达意	有一定的节奏感，语言基本流畅、连贯	语句断断续续，节奏无规律，基本不能进行交际

续表

项目 \ 等级	优秀	良好	合格	不合格
合作、交往意识	能主动与他人沟通并能与他人愉快地合作，能妥善地处理交际中出现的问题	能较好地与他人沟通与合作，能较为妥善地处理交际中出现的问题	能基本理解或应答他人的询问，合作意识虽不够强，但能进行简单的语言交流	基本不能理解或应答他人的询问，无合作意识，无法进行简单的语言交流
表现能力	词汇丰富，用词生动准确，语言感染力强，积极参与活动，有很强的参与意识和自信心	词汇较为准确、生动，有一定的语言感染力，较主动参与活动，有较强的参与意识和自信心	用调基本准确，能参与活动，有一定的学习愿望和自信心	调不达意，被动地参与活动，无学习愿望，学习信心不足，未养成良好的学习习惯
创新能力	学习兴趣浓厚，反应敏捷，观察细致，想象丰富，有独特的见解，有很强的竞争意识	学习兴趣较浓厚，反应较敏捷，有一定的想象力，有较强的竞争意识	能全情投入，熟悉已学过的内容，能熟练地背诵课文，但缺乏应变能力	无学习兴趣，对学过的知识一知半解，不善于表达个人意见，缺乏独立见解

表 5–6　评级办法

评定等级	评定方法	备注
优秀	六项中有五项以上	
良好	六项中有三项以上	
合格	六项中有两项	
不合格	六项中有两项以下	

综上，我们可以对少儿英语课程中各种问题进行思考或者进行交流，比如，对评价信度和评价效度的理解、少儿英语教学评价的对象和目的、少儿英语课程评价的对象和功能、少儿英语课程评价的 CIPP 模式具体是怎么操作等，通过上述的分析以及各种观点的探索，我想在实际教学评价中通过对各种问题的思考和探索经过反复的验证，我们还有很大的发展进步空间。

第四节　少儿英语教学中的德育教育

一、少儿英语教学中德育教育的理论思考

（一）少儿英语教学中德育教育的内涵及特点

九年制义务教育中小学英语学科作为小学阶段中的必修课程，是小学教育阶段的重要组成部分。和其他的学科一起肩负起了促进学生发展的重任，教学中教师不再是单纯的知识的传授者，而应该是学生学习的引导者。与此同时，少儿英语也具有其独特性。

1. 少儿英语教学中的德育教育内涵

英语作为语言学科，自然有其作为语言科目的思想性。我们所使用的教材虽然不尽相同，但教学的内容都具有贴近学生生活的特性。比较其他的学科中的德育素材，英语教材中的德育素材更为生动和富有活力。所以少儿英语教学中的德育教育，需要教师根据学生的生活实际情况和教材内容，将书本中隐含的德育元素挖掘出来，加以融合创设在学生的学习、生活环境里，让学生在教师创设的真实环境中学习英语知识的同时，学会应对实际生活中遇到的道德问题，充分发挥英语教材内容优势，无形中对学生进行德育教育。

2. 少儿英语教学中德育教育的特点

人们可以通过很多方式进行交际，其中语言是最重要也是最普遍的交际工具。语言也是人们思想交流、科学文化知识传播、表达自己思想情感的工具。语言的学习对培养学生思想情感的作用是其他学科无法替代的。在英语教学中，德育教育是无形的，在潜移默化中提升学生的道德意识和情感意识，达到教书育人的目的。

（1）英语是一门语言学科，具有思想性。第一，语言是人们思维的外化，也是人们思想的主要载体。语言的构成包括了字意、词意、句意，这说明语言并不是一个空壳，它包含的思想内涵极为复杂。英语作为一门语言学科，具有丰富的思想性，它体现在小学英语教材当中，并贯穿整个教学过程。少儿英语中的教材内容虽然相

对较简单，但也有其相应的思想蕴含其中。这就要求教师在进行备课时，对隐含于教材内容中的德育思想进行挖掘，然后通过各种教学方法或教学手段，将教材内容中的思想贯穿于教学过程中，在这个过程中，教师的思想观念也会对少儿的思想情感产生影响。在教学中教师和学生的互动，本质上都是思想、观念上的交流。因此，学生在英语课堂学习中收获的英语知识具有思想性。

第二，语言是文化的载体，承载着人类文化，包含了人文精神，具有特殊的感染力和思想性。英语是西方文化的载体，不管是哪个时代或是哪个地域的思想，精髓和糟粕都会存在于思想当中。对于少儿来说，正是树立其思想观念的关键时期，对于思想上的认知缺乏一定的判断力，很容易对西方的价值取向进行肯定。比如，有的教材中会出现介绍西方国家的重要节日，少儿由于缺乏对世界客观、全面的认识，很可能会出现盲目效仿或跟风的行为，而忽视或放弃对中国传统节日习俗的认可和继承。当类似情况出现时，需要教师对少儿进行有意识的、有目的的积极引导，让学生在了解西方文化精髓的基础上，肯定和继承中华优秀传统文化。在英语教学中德育素材没有系统化和集中化，但与此同时我们以应该看到它的广泛性，在课堂教学中渗透德育可以帮助学生将道德知识转化为自身的道德情感。

（2）英语是表情达意的工具，具有交际性。第一，语言是人们传递情感的工具。英语的意向性和情感性是它的特征，英语的内容不仅包含了思想观念，还包括了情感导向。小学英语教材中的教学内容也承载着人们的情感，凝聚了各种情感。英语教材的主体相对较为广泛，这为情感教育提供了扎实的素材背景，这些情感融合在学生语言学习的过程、学生语言交流的思想中。所以，教师在完成向学生传授知识、训练能力和学生思维的同时，可以完成少儿情感发展和培养的使命。第二，语言最基本的社会功能是交际功能，在所有交际工具中使用范围最广的非语言莫属。《英语课程标准》中要求学生能运用语言知识在生活中用英语进行交流，而并不是让学生将课本上的内容进行机械记忆。在少儿英语教学中，教师通过组织学生用英语交流，不仅意在让他们掌握语言知识和运用符合语法习惯的语言，还在于为学生提供真实的情境以供其进行英语交流实践。在这个交流的过程中培养良好的道德情感。要促使学生全面发展，必然离不开道德素养和人际交往能力的培养。

（3）英语是传达信息的工具，具有跨学科性。英语作为一门学科有信息传达的作用，还具备跨学科性。英语教学内容中含有非常多的人文知识、自然知识和社会知识，涉及英语语言的方方面面。换个说法，就是英语学科与其他学科之间有着密切的联系。各学科之间的联系也是纵横交叉分布。所以英语学科教学具有跨学科性的特点。

基于英语学科的这个特点，教师在教学时不仅需要掌握本学科的教学内容，还需要教育学、语言学等各个领域的知识进行辅助教学，将德育内容加入其中。这些跨学科知识都是服务于英语教学的。这能促进学生对于英语的理解和把握，同时增强学生学习英语的兴趣，让学生能较为轻松地学习英语语言知识和基本技能。这些跨学科的知识不仅能辅助学生的英语学习，还能拓宽学生的知识面，提升学生综合素养，对学生树立人生观、价值观起到良好的促进作用。

英语学科这个特点，进一步证明了少儿英语中进行德育的可行性。在社会生活中人们的沟通和交流都离不开语言。在各种社会活动中进行思想交流必然需要借助于语言，语言对于人类的发展也起着重要的作用。少儿英语教材内容较为简单，但也不能忽视其所蕴含的跨学科思想，少儿英语教学也同样具有思想性、交际性和跨学科性 3 个特征，这些为少儿英语教学提供了可能性。

（二）少儿英语教学中德育教育的理论基础

1. 综合课程理论

综合课程源于 20 世纪初德国的合科教学，这个课程只单纯向学生传授知识，不关注学生能否运用知识解决实际问题，它脱离实际，忽视人的情感以及心灵上的不足问题。它倡导按照学生的兴趣、爱好，组织学习一定的课题。同时它也有可取的部分，即打破传统分科课程，将学科组合起来，让学科之间能相互渗透，这反映了人类知识发展本身的内在要求和客观趋势。

这一课程理论的明确提出，以及对其进行系统的理论论证源于德国教育家赫尔巴特。赫尔巴特提出，教育的最终目标是培养德性或意志。教材中的内容具有孤立感和零碎感，不能对德性或意志为核心的完整人格的形成起到促进作用。教材应该以德性或意志为核心把彼此关联起来，最终形成完整的人格。赫尔巴特将所有学科综合起来的依据来源于：以德性陶冶为目的，以道德知识为一切教材的核心。赫尔巴特的弟子齐勒（I.Ziller）、赖因（w.Rein）等继承并发展了赫尔巴特的“相关综合课程论”。齐勒主张把宗教性、道德性教材，即他所谓的“意念教材”（Gesinnungsstoff）作为统合所有学科的中心点，以此达到道德性和宗教性的陶冶，这一点和赫尔巴特的想法是一致的。课程的综合在本质上就是知识的综合，即以道德知识为核心，将教材加以整合。

现代课程理论将综合课程分为了 3 种：相关课程、融合课程和广域课程。课程教材形成的编排形成也分为了 3 种类型：第一种是学科中心型，以某一具体学科为中心；第二种是混合型，将两种或者两种以上的学科组合在一起，同时学科各有自己的体系；第三种是化合型，将学科间的相关知识融合组成新的课程，构建新课程的知识体系。问题中心综合课程论者提出将特定的热点问题作为中心编制综合课程，就是说综合有关学科的内容，为解决特定现实问题的逻辑顺序主线服务，可以看出，编制后的书，学生的主要学习任务是学会运用综合知识解决问题。杜威代表的是儿童中心课程论，他倡导组织教学需要以儿童的活动经验和兴趣为本，认为分科教学不利于儿童的学习和发展，因为分科教学将知识的内在联系进行了分割①。

2. 隐性课程理论

隐性课程又名“非正式课”“潜在课程”“内隐课程”，它是通过间接、无意、暗示的方式，长时间地影响学生情感、调整学生行为、激发学生积极性和创造力的课程。隐性课程首次出现在 20 世纪 60 年代，美国社会教育学家杰克逊的著作《课程生活》中。他认为在校生不仅需要学习基本的文化知识，还需要通过学习获得非智力性知识，非智力性知识又有潜在性，传递给学生需要通过非学术的途径。杰克逊在 1968 年出版的《班级生活》一书中首次将这种非正式的文化传递定义为隐性课程，以此来区别于显性课程②。我国首次将隐性课程正式纳入课程范围是在 20 世纪末。隐性课程一经提出，就对传统课程观念造成了较大的冲击，从课程范围来看，课程范围从单纯的学科知识或者组织问题，变为了在单纯学科知识的基础上，考虑相关知识背景、和其他学科间的内在联系时，课程设计迈向立体化、动态化；从学习范围来看，学生的学习不再是固定式的学科，而是扩大到生活范围里③。

3. 生活德育理论

生活德育即让学生从实践生活出发，以亲身经历感悟道理、建构自己的知识体系、人生观、价值观、提升生命质量。生活德育立足于教育对象的实际情况，在实

① 范树成，综合课程理论流派探析 [J]. 外国教育研究，2000（4）：46.

② 刘德勇 . 隐性课程理论与中职德育 [J]. 思想政治课教学，2015（7）：42.

③ 庄可 . 隐性课程理论研究及其对教育改革的启示 [J] 牡丹江师范学院学报，2007（1）：35.

际生活情境中对其进行引导、教育，通过有道德的生活来培养道德、养成习惯，最终达到使教育对象形成良好的道德素养。生活德育追求教育的自然而然，并非刻意为之，对学生而言：就是在生活中真实地经历、真切地体验而不是他人刻意设置的情境①。高德胜先生认为生活德育理论源于生活。最后回归生活，这个过程是不断循环的，德育这个过程中发展形成②。“生活德育的运行方式是通过‘有道德的生活’来学习道德。”③生活德育理论概念以陶行知的“生活即教育”为核心，陶行知先生在学习美国杜威“教育即生活”的观点基础上，结合我国的国情进行了创新，陶行知先生将生活当成教育，他认为最好的途径是在生活中培养道德品质。

德育来源于生活，德育的形成离不开对生活有所感触、有所体验这个基础条件。德育论还认为德育是让人适应社会成为社会人的教育，学校教学工作应该以调德育为首，以德育人。鲁宾斯坦曾经指出：“教育的主要方面在于使学生与社会发生各种各样的联系，自己从各个方面提出对其本人有重大意义且被引起兴趣的任务，因而才能被他看作是自己的、需要亲自解决的任务。这种来自内部的动力比什么都重要，因为道德及行为上的一切问题的主要原因在于人们精神的空虚，当他们对周围事物毫无感触、了无兴趣的时候，他们对一切都会不以为是、满不在意。”④

（三）少儿英语教学中进行德育的优势

从少儿阶段教学中看，英语学科在进行德育方面和其他学科相比更占优势。第一是英语教学中的“情感态度与价值观”目标，要求教师在教学中除了教授学生学科知识外，还要进行德育教育。第二，英语不仅是学科，作为一门语言是信息的载体，兼有工具性和人文性。语言承载着人们的思想交流、思想情感表达、知识文化传播等，所以英语课程本身蕴含思想性，教材内容也必定含有丰富的德育素材。第三，少儿英语在教学过程中经常采用游戏、对话、角色扮演等教学手段进行教学，在真实的情境中进行德育教育，比单纯的说教更能影响学生。总之，不管是从学科的教学目标还是教学方法或者教学内容上，小学英语教学为德育教育提供了更为有利的条件。

---

① 于磊．对我国高校德育工作的借鉴研究 [D]. 哈尔滨工程大学思想政治教育学，2011.

② 高德胜．为生活德育论辩护——与冯文全教授商榷 [J]. 教育研究，2010，31（09）：101–105.

③ 高胜德．学校德育的范式转换 [J]. 教育研究与实验，2004（2）：34.

④ 伊斯．马延科．德育过程原理 [M]. 北京：人民教育出版社，2008.

1. 教学目标上的优势

教学目标是所有的教学活动开展的中心，是教学活动的向导，是教师通过课堂教学要达到的教学目的。由此教学目标能直接影响课堂教学效果及目标的完成度。英语课程作为一门语言，必须具备工具性和人文性，也就说明，教师的任务不仅仅是教授学生英语基础知识、语言交流能力，还要挖掘出学科中的德育因素来培养学生的思想品德，承担着学生综合人文素养的任务。我们知道课程目标的 3 个维度，即“知识和技能”“过程与方法”“情感态度与价值观”。从这 3 个维度看英语课程教学目标，能非常清楚地看出英语课程不仅是要求学生掌握语言知识点、培养语言技能，还需要教师在目标中列出教学中的教学方法，以及通过这些方法能提升学生哪方面的能力，最重要的是要列出课程中需要培养学生什么方面的情感或价值观。在这个教学目标的引导下，英语教师需要立足于基础的语言知识和语言技能培养，引导学生优化学习过程，逐渐形成祖国意识、国际视野、跨文化交际意识，树立正确的情感态度和价值观。

2. 教学方法的优势

少儿英语教学一般教授学生年龄在 7 ～ 12 岁，根据少儿的身心发展规律，这个阶段的学生注意力集中时间较短。需要小学英语教师在课程教学中采取的教学手段多样化，如儿歌教学法、游戏教学法、对话表演法、情境创设法等，通过这些活动让学生掌握基本语言知识和技能、激发学生学习兴趣、学会基本沟通礼仪、养成遵守规则意识、形成良好的道德品质等。

（1）儿歌教学进行德育。我们的少儿英语教材虽然丰富，但不难发现，少儿英语教材中不乏大量的儿歌、歌曲。这些内容大多曲调优美且朗朗上口，对学生来说比较好学且好记忆，学生也更乐于学习这部分内容。

教师在教学中可以创编一些学生感兴趣的儿歌来帮助学生进行学习和巩固，通过学习儿歌、歌曲或者 chant，不仅可以让学生在轻松掌握语音语调，还可以让学生感受到这些内容中的情感，加深教学内容记忆。比如，在学习关于见面问候的句子时，对于学生来说可能还不知道怎么把这些句子运用到日常生活中，教师就可以在学过这些内容后，将这些内容编成儿歌，如：早上见面 Good morning! Good morning! 下午见面 Good afternoon! Good afternoon! 晚上见面 Good evening! Good evening! 告别要说 Goodbye! Goodbye! 通过歌唱这些富有节奏的儿歌，加以动作辅助，学生在学习、巩固知识的同时，也能感受儿歌带给自己的愉悦感。

（2）游戏教学中进行德育教育。这个年龄阶段的学生天性是好动、好玩的。对于单调乏味的课堂教学常常会出现不喜欢、坐不住。所以教师经常会在教学中设计一些游戏，来激发学生的学习兴趣。游戏以教学内容为载体，充分调动学生的积极性，也是少儿阶段最有效的学习方式之一。教师将学习内容融入趣味性极强的游戏中来教学，学生在这个过程中不仅能够激发学习的兴趣，还能在精神上有所收获。例如，规则意识的学习、竞争意识的培养及合作精神的培养等。

（3）通用角色扮演法进行德育。少儿英语教材的内容大多数都是对话的形式，在教学过程中，教师常用的教学方法除了上述两种外，还常常通过创设情境，学生来进行角色扮演，练习、巩固学过的语言知识。通过这种教学形式学生不仅能巩固知识，还能从角色扮演中产生自己的想法，以此激发学生的学习动机、帮助学生树立学习信心、培养学生的价值观。

少儿英语教材虽然丰富，但大多教学内容都是与生活紧密联系的，教师可以根据教学内容来创设真实的生活情境，比如问路、上课、购物等，学生通过完成真实情境的角色扮演，在收获成就感的同时，也增强了学习兴趣和自信心。不仅如此，通过各种创设的情境体会了生活态度、礼仪习惯、道德情感等方面的思想观念，无形中对影响了学生的道德观念，以及演练了学生的道德行为。

（4）创设情境加入德育。创设“情境教学”指教师在课堂教学中利用语言、教具、多媒体等教辅设备，营造真实的语言环境，让学生有一种身临其境感觉的教学方法。创设真实情境，不仅能调动学生学习英语的热情，而且可以让学生“触景生情，融入情境，营造真实的德育氛围，激发学生情感体验”。[①] 少儿的思想处于思想启蒙阶段，不管是在学习上还是生活上都缺乏自主性，英语教师在教学中创设真实的生活情境，营造真实的德育氛围，对学生在生活方式和学习方法上进行引导，能帮助学生养成良好的生活和学习习惯。

3. 教材内容上的优势

少儿英语教材中的教学内容作为语言知识和道德内容的载体，大部分教材内容涉及的主题和内容非常丰富，比如家庭、学校、动物、景点等，都是贴近学生的生

---

① 马秋云．情境教学法在小学英语课堂的应用[J] 吉林：小作家选刊，2015：182.

活的，大量的语言知识中包含着积极的道德内容、正确的礼仪举止，既有时代特征，又有思想性，是教师教书育人，塑造学生良好品德的媒介。

少儿英语教材中主要是体现英语的语言知识，所以德育思想元素是隐含于其中的，需要教师深度挖掘、钻研教材，在课堂教学中将教学内容和德育因素有机结合在一起，在教学中对学生进行无形的德育教育。无论是哪个少儿英语教材，都为德育教育渗透提供了丰富的素材，说明少儿英语教学中进行德育教育。

综上所述，少儿英语和德育之间有着不可分割的关系，少儿英语在学科教学目标、教学方法、教学内容都为德育教育提供了便利条件。这需要教师钻研教材、深度挖掘其中蕴含的德育因素、结合学生的心理特点，将教学和德育有机融合，培养学生的良好道德思想和正确的价值观念，形成教书和育人的双赢局面。

二、德育教育在少儿英语教学中的必要性与可行性

（一）少儿德育教育的主要内容

少儿德育教育的主要内容包括基本道德与行为规范教育、公民道德培养、“三观”教育。

1. 基本道德与行为规范教育

对于少儿的德育教育工作，应该首先开展基本道德与行为规范教育。人的基本道德与行为规范包括爱国守法、明礼诚信、团结友善、勤俭自强和敬业奉献。少儿也不例外，这也是少儿应该具备的基本素质。少儿阶段对于树立价值观来说是一个非常重要的关键期。所以更需要用公民基本道德与行为规范来培养他们，让他们逐渐形成高尚的人格品质、乐观的人生态度、奉献担当的无私精神等，在学习和生活中养成规则意识、礼仪意识等，以此来规范自己的行为。这样，才能真正塑造拥有较高道德素养的学生。

少儿德育教育应该以基本道德和行为规范为主，教师需要培养孩子的家国意识、文明礼仪意识和社会公德意识；让学生养成坚强的意志品格、塑造开朗活泼的性格、拥有集体主义精神；教师需要教会学生分辨善恶及美丑，初步培养孩子德育观念。

2. 公民道德教育

公民道德是每个公民都应该有的素质，也是在社会交往和公共生活中的道德行

为标准。它包括国家、社会和个人三方面。

（1）从国家角度看。公民道德教育包括培养学生的祖国意识、为祖国奉献的意识、自觉维护国家尊严的意识。

（2）从社会角度看。公民道德教育包括培养学生文明和诚实品质。在社会交往与公共生活中，能和他人和谐相处，关爱、团结、善待他人。在工作上树立敬业乐业、奉献社会的精神信仰，遵守文明礼仪要求。

（3）从个人角度看。公民道德教育要求个人需要不断加强自我的修养，价值取向积极向上，培养自强不息的意志品质，发扬勤劳节俭的中华传统美德。

公民道德教育，应该成为少儿德育教育工作的主要内容，这样才能从小培养公民的德育素养，为学生的一生发展奠定基础。

3.“三观”教育

人生观、世界观和价值观统称为“三观”，这是对人生、世界和价值立场的总体认识，因此是少儿德育教育的重要内容。在少儿德育教育中，“三观”教育主要是帮助学生树立正确的人生观念，让学生形成正确的人生目的和人生态度以及找到人生理想；让学生摒弃不良的价值观念；正确看待自我和集体、他人、社会之间的关系；培养学生的积极情感态度，注重结合国家发展来实现自我发展；培养集体主义观念、树立仁义礼智信的价值观；培养家国情怀以及高尚精神品质。培养少儿形成正确的“三观”，是少儿德育教育需要做到的，同时这也是德育的培养目标。

（二）在少儿英语教学中进行德育教育的必要性

1. 教育大环境下的客观要求

社会物质水平的提高，以及教育改革大环境下，要求加强公民的道德教育，道德教育应该从小抓起才能影响深远且最具效应。

（1）学校传统德育教育无法满足社会发展的需要。小学阶段的学生正是智力初级发展的阶段，性格、价值观、人生观以及思想道德品质等还没有形成，在这一阶段，通过英语教育进行德育教育可以帮助小学生树立正确的价值观、人生观，并且可以使其养成良好的道德品质和性格。

（2）家庭教育缺失阻碍学校德育教育的发展。儿童成长过程中，家庭的教育对于儿童的习惯和性格养成有很大的影响，有相关调查研究表明，目前家长对于孩子的成长越来越重视，但是由于多重因素的影响，很多孩子从小就养成了许多不良行为习惯，比如自信心缺乏、自我约束能力弱等。受传统思想的影响，很多家长对少儿期待值偏高，教育也成了功利性和物质化的量化，对于小学生的人生观、价值观树立来说是非常不利的。针对这种现象，对少儿的德育教育不可或缺，在英语教育中渗透德育教育就是非常有效的手段，能实现德育效果最大化。

（3）德育教育时间有限。目前很多小学都开设了思想品德教育课，也增加了德育课外活动的数量，但是相对而言，德育教育时间仍然十分有限，受应试教育影响，很多小学都非常重视文化课程学习，在课程安排上所谓的主课安排的课时较多，相对地，每个班德育教师安排的教学时间非常短。在英语教学中渗透德育教育不仅能有效增加德育教育时间，还能提升德育教育效果。

2. 少儿英语课程标准的要求

课程标准作为指导性文件对每个学科的课程性质、内容目标、课程目标、实施建议等进行了标准化的规定。课程标准比教学大纲更为详细地规定了课程的教育理念、课程目标，以及具体的实施方法，针对全体学生提出了更加明确的学习要求，对于教育教学来说有更好的指导性作用。《小学英语课程标准》中明确指出："教师应在教学中，锻炼学生面对困难的勇气，促使学生能够感受到情感道德，培养合作意识，养成积极健康的品格。"①

该课程标准完全是以少儿为依据制定的。在学习英语的过程中，少儿的思想、心智、价值观等都会有一定的提升。以本质来看，少儿英语教育与德育教育之间是相互促进的关系，两者是一个有机的整体。渗透德育教育能提高少儿的道德意识、形成良好行为习惯，从而促进英语学习的效果和学习能力的进步。

3. 少儿人格培育的要求

塑造少儿健全的人格，是社会和谐发展、少儿身心健康的必然要求。小学德育教育体系的组成离不开人格培养。

从近年来的少儿社会适应能力来看，他们有抗挫折能力较弱、情绪控制能力不够、容易哭闹和冲动等问题。从人际交往来看，学生体现出的问题大多数都是自我中心意识较强、功利化态度明显、不愿意顾及他人的感受等。此外，少儿人格问题还存在情感意识淡薄、意志力不坚定、畏难情绪等。从心理层面来看，有的学生

① 小学英语课程标准．北京：人民教育出版社［M］2009.

自卑感强，还有的孩子盲目自信，妒忌心理较重，是非、善恶和对错观念模糊等问题。

针对以上少儿出现的问题情况，少儿德育教育的开展势在必行。少儿健全人格的塑造不是短期可以实现的，需要教育者付出大量的努力，需要一线教师在教学中对学生进行无心的德育教育。英语作为人文学科，包含了很多价值观念、道德情操等方面的内容指向，英语教师需要发掘这些教育资源来培养少儿健全人格，切忌生搬硬套，需要采取多样化的教学方法将这些内容传递给学生，给少儿德育工作的开展注入无限的活力，加强少儿人格修养，提升德育教育的效果。

（三）在少儿英语教学中进行德育教育的可行性

之所以说在少儿英语教学中进行德育教育可行，是由于少儿英语教材中含有丰富的德育教育因素，英语学科本质层面具有鲜明的人文性。

1. 在少儿英语教材中含有德育教育因素

在少儿英语教材中蕴含着丰富的德育教育资源，对少儿德育教育来说有着非常重要的价值，使在英语教学中进行德育教育成为可能。同时，教材内容贴近学生的实际生活，从某个角度来说，它能满足学生的好奇心和求知欲。

（1）很多教材内容中都会涉及自己、家庭、学校等，这些内容的排列都是由易到难、有序展开的。教师可以利用这些内容，引导学生关爱他人、关爱自己。

（2）教材中的语言材料有很强的实用性和真实性，学生在学习后将这些知识运用到实践当中，不仅能够巩固知识，还能在无形中为德育教育埋下种子。少儿英语教材不仅承载着英语知识，同时还蕴含了许多与价值观念、行为举止相关的德育内容。

（3）教材中的语言材料包含很多的文明用语。中国自古崇尚礼仪，有礼仪之邦的美称，礼仪标志着社会的进步。培养人们高尚的品德离不开礼仪教育。在许多的英语教材中，文明用语比比皆是，如："Good morning!""How are you？""Thank you!""Sorry.""Nice to meet you!"等，这些文明用语不仅是学习的知识内容，还是加强学生礼仪教育、建设社会主义道德的基础。此外，许多的英语教材都有很多德育教育的内容，例如培养爱国主义思想意识、培养环境保护意识等。这些教材中的语言材料都为在少儿英语教学中进行德育提供充足的素材。

2. 英语学科本质层面具有鲜明的人文性

（1）少儿英语教学具有思想性，能够传播价值导向。语言作为思想的载体，直接体现着思想，含有丰富的情感。语言也代表着文化，通过语言可以了解到语言背后的民族文化背景和历史底蕴。所以，语言具有极强的思想性。在实际教学中，有一部分的内容就是介绍西方文化，通过引导少儿了解西方文化，将东西方文化进行对比，找出差异，实现思想上的碰撞和融合。培养少儿的正确世界观和价值观，正确对待外来文化。

（2）少儿英语教学具有交际性，能够表情达意。作为语言工具，英语自然也具备语言的魅力，能够传递情感、完成交际。这也就表明了英语具有情感性和意向性特征。结合生活实际，不难发现，每一篇文章或者每一句话都承载着各种各样的情感。借助文章承载的情感，完成对少儿的情感教育。语言的产生源于人类交际的需求，这体现了语言的社会功能，少儿英语能帮助少儿提升自己的交际能力，在交际过程中养成良好的道德情感。

（3）少儿英语教学具有跨学科性，能够传达信息。英语除了语言功能外，还包括各方面的知识，比如人文、社会、自然知识等。由此可见，英语本身不是孤立的学科，与其他学科之间有着密切的联系，这赋予了英语教学明显的跨学科性。在实际教学中，英语教师可以以此来打破学科界限，拓展学生知识面的同时，提高教学的趣味性和逻辑性，以达到综合素质能力的提升，进而形成良好的思维习惯，树立积极的道德品质。

3. 少儿英语教学方法具有德育因素

在少儿阶段，受心理发展规律的影响，学生在教学过程中容易出现注意力分散，难以一直保持学习兴趣等情况。所以在英语教学时教师常常会采用多样化的教学方法来吸引学生注意，比如游戏、寓言故事等。这就为德育的渗透创造了条件。通过参与充满趣味性的活动，学生在积累更多语言知识的同时，还能初步培养感悟能力，无形中教会学生怎样为人处世掌握一些道德规范。具体从以下 3 个教学方法中来列举。

（1）故事阅读法。阅读是学习英语的重要手段。通过阅读，学生能掌握或者积累英语词汇、增强语感等。在英语故事里通常含有很多的德育因素或素材，蕴含着许多人生道理，学生通过阅读英语故事不仅能学习、感受英语的魅力和知识等，还能在脑中重现故事，学生的情绪和思想随着故事变化，从而体会到故事传递的道理。

（2）儿歌说唱法。英语练习的形式丰富多样，比如英文歌曲、韵律诗等，这些练习需要学生运用、结合身体组织各种内在思想或者外在功能，采取动静结合的方式，为学生的拼读、语音、语调等打下良好的基础，同时这些形式的练习能给学生留下深刻印象，加深学生对于知识内容的理解，从而获取其中的德育知识。

（3）情景对话表演。少儿英语教材中课文的主要呈现形式就是对话。所以，在实际教学过程中，教师可以围绕对话主题来创设情境，丰富学生的对话内容，激发学生的参与积极性。通过情境的带入，进行对话训练。在这样的情境中，富含了许多的道德情感、生活态度礼仪规范等问题。学生可以通过亲身表演和体验，更为直观地感受对话主体的思想、情感等变化等，以此来加强学生的道德观念，增强德育素质。

三、德育在少儿英语教学中的运用

（一）显著提升少儿英语教师德育教育素养

教师是教学的主体，所以应该对自身德育教育素养提出高要求，树立德育教育先进理念，增强德育教育教学能力，加强师德修养建设，从师资上保证德育教育的效果。

1. 树立德育教育先进理念

正确的理念能指导实践，发挥出巨大的能量。在德育过程中也是如此，需要先进德育理念进行指导，让德育真正扎根到课堂、深入学生的内心。所以，开展好少儿英语德育教学，关键在于树立先进德育理念。教师和教育工作者需要摒弃传统教学理念的不良影响，不能一味用成绩来对学生的学习成果定性。同时在衡量教师教学效果时也不能仅用分数来量化。教师需要在教授好本学科知识的同时，借助德育教育内容，以德育教育内容为基础，培养学生的正确价值观念，让学生养成积极应对生活中出现的问题的习惯，从而取得好的成绩。

实证证明：学生的自我感知能力越强，技术水平的分数就越高，学业成果检测成绩也越高。英语教学应该从多个维度开展。以知识为基础，以思想、价值和情感为拓展的全面素质培养的过程。所以教师需要明确教学思想、建构德育教育模式，善于将英语学科内容和德育教育有机结合，以指导英语教学工作的开展。

杜威说：“在学习之中，最精妙的道理，在于润化于心。道德的主体特征为真心诚意、开拓创新、一丝不苟的社会意识。这些因素便是道德品质的外显。”① 赫尔巴特也曾指出:“德育如果不是教学的必要因素，那么教育便失去了意义。”②《小学英语课程标准》中明确指出情感态度和文化意识都属于德育方面的范畴。其中情感态度方面，涉及的德育内容众多，比如学习兴趣、合作观念等，这些都是学生学习时的必要素质。而且要求学生视野广阔，拥有良好的家国情怀和格局。

教师的教学理念直接影响着英语德育教育渗透效果，教学的内容也同样会受到影响，如果局限于语言知识的学习，学生就感受不到英语作为语言的文化魅力，也就感受不到英语中的情感和道德的价值意义。这样纵使教师将教学打造得丰富多彩，也只能完成语言技能和语言知识方面的目标，无法高效实行学习策略、德育培养、文化背景等隐性的目标。所以，英语教师需要坚持紧紧围绕教材中的德育教育资源，来发展学生的情感态度，塑造他们的健全人格，同时要注意学生在学习中的反馈，将英语课堂变为具有开放性、教育性的课堂，发挥出英语教学的魅力。

2. 增强教师德育教育渗透的能力

利用少儿英语教学，开展德育教育，并不是随时随地都能开展的，需要教师选择合适的时机，以自然的方式为学生构建一个情感氛围，这个氛围中需要注入真、善、美等正能量，保障学生完成英语学习任务的同时，辅助学生将情感品质内化为自身的思想，从而养成良好道德品质。这对教师在日常教学中的德育教育渗透能力提出了要求。

（1）提高教材分析能力，充分挖掘德育素材。尽管少儿英语教材不尽相同，但在教材内容上都有着丰富、广泛的共性。

在一些少儿英语教材中，内容包含了自然信息、民族风俗、人文景观、国家节日、旅游景观、天气知识、科技发展等，都离不开学生的实际生活。在英语教学中，引导学生对中西方文化进行比较和思考，鼓励学生按照课文结构，以中国自然景观、文化等为主题展开讨论和学习。在这个过程中，让学生对外国文化有一个清晰的认识，从而能增强学生的爱国情感、民族自豪感以及社会责任感等。由此，少儿英语教师应该提高自己的教材分析能力，深度挖掘教材中的情感和道德因素，充

① 杜威.我的教育信条［M］上海：华东师范大学出版社，1986.

② 张焕庭.西方资产阶级教育论著选［M］北京：人民教育出版社，1964.

分将德育教育和少儿英语进行融合。

（2）提高资源整合能力，充分扩充德育素材。课程改革的不断发展，英语教学目标自然也需要及时更新，教师不仅需要从教材中挖掘德育教育因素，还要善于利用其他手段获取德育教育的材料，比如广播电视节目、互联网等途径。同时帮学生拓宽接触英语的渠道，以使其更好地学习英语知识，同时能促进情感道德的教育。举例如下。

在实际教学中，教师可以通过多种手段查找名人的励志故事，让学生懂得从小就要努力奋斗；通过展示一些野生动物的资料或者图片、节目等，让学生产生保护动物的意识，进而形成人与自然和谐共生的思想；可以收集一些中国的经典建筑图片、资料、视频等，让学生感受中国古典建筑的艺术美感，激发学生的民族自豪感。

综上，英语教师可以在日常生活中，利用多种手段收集一些不同信息或者材料，当然这些材料都需要符合教学的需要以及德育教育的需要，将这些素材整合起来加以利用，丰富日常课堂教学内容、营造良好的英语实践机会，在无形中对少儿进行德育教育。

（3）充分利用教学组织形式，提高德育教育渗透能力。在少儿英语教学中德育教育渗透不仅要求教师深度挖掘出教材中的德育元素，以及通过多种手段收集生活中的德育素材，还需要教师能够以这些素材为依据，结合少儿的特点及教学实际，利用课堂的组织形式，采取合适的教学方法对少儿进行德育教育的渗透。

例如在对 I can... 进行学习时，笔者结合小学生的道德发展、劳动素养情况，制定一些评价的表格，通过表格的填写情况，让少儿巩固知识、了解其中的情感价值，促进他们的劳动意识，实现教学目标的高效达成。其中评价表格设计如表 5-7 所示。

表 5–7　学生道德发展评价表

Yes, I can.　 Sometimes　 I need to try hard.

Can you...			
I can help my parents.			
I can clean the table.			
I can sweep the floor.			

在实际教学中，英语教师应注重渗透手段的运用。在语言学习的过程中融入道德教育元素，将教学的语言学习目标结合起来，促进学生在积极参与活动的同时，潜移默化地影响其思想和行为。这个过程中，学生是不受限制的，而是自由的，这样，学生能更容易接受德育教育，将正确的思想道德和情感价值观念根植于内心。

3. 加强师德修养建设

师德建设是必须抓的问题，树立远大职业理想，教师要关爱学生，以人格魅力和学识魅力教育感染学生，做学生健康成长的指导者和引路人。这是师德建设的重要方针政策，也是教师的目标是从人格层面对教师的规定。

教师肩负着教育的重大使命，这要求教师必须爱岗敬业，热爱学生，为人师表，要有高尚的道德品质，良好的价值观念等。这些我们称为“师德”。师德主要体现在主动履行道德义务、道德行为的示范性、道德结果的深远性、道德意识的自觉性。其中道德意识的自觉性指教师都应自觉地进行职业道德示范。这样有利于创造榜样引领的氛围，对周围环境中的个体的言行举止都能产生积极的影响。道德的深远引领作用指教师的道德修养结果会对学生产生积极而深远的影响。正如孔子说过的那样“其身正，不令而行；其身不正，虽令不从”。① 可见教师拥有高尚师德能促使学生养成积极的道德观念，所以教师在这一方面的作用是不容忽视的。

由于少儿时期的学生年龄较小，分析能力和是非判断能力都尚未完全成熟，但与此同时，他们的模仿能力非常强。在大多数的少儿心中，教师是权威的代表、是他们学习的榜样，对于教师的言行会有意无意地进行模仿，也就会具有较强的向师性。由此可以看出，教师的“三观”和社会责任感等都对少儿产生深远的影响。著名教育家苏霍姆林斯基曾指出，教育不仅仅是单纯的知识传授，需要和受教育者保持心灵上的沟通与碰撞。加强学生的德育教育也不外如是，不能采用灌输式、说教式的教学方法，而是需要在现实中和学生进行思想或者灵魂上的沟通和共鸣。

与学生进行心灵或者灵魂上的交流，离不开教师的良好师德。时代的发展进步，教师的思想观念也在发生变化，对于少儿教育教师也意识到，在教学中需要给予学生适当的自由和民主。如果教师一味地主导或者控制学生，可能会获得一定的顺从，与此同时，学生的学习目的也就变了，对学习没有了的兴趣，最终学生的成

① 杨伯峻 . 论语译注 [M] 北京：中华书局，1980.

长受到了限制。在少儿阶段，学生还没有形成主动学习的意识，小学生主动学习的动力大部分来源于师生的良好关系。少儿英语教师需要做到言行一致、正直善良、以爱充斥内心、充满正能量等，拥有这些特质学生也会在潜移默化中受到感染。

教师在教学中必须发挥示范榜样的作用，注意自己的言行举止。在英语教学过程中，需要专业能力过硬，比如，在课堂上用标准的语音语调、流利的口语对学生进行教学，让学生会感受榜样的带动作用，那么他们会以教师为标杆，逐渐规范自己的发音，达到英语学习的自然性。同时教师也要体现对学生的理解与爱护。例如，在学生进步时，教师说“Congratulations on your success !”那么课堂氛围就会变得好起来，学生可以感受到教师的关心，在交流中培养师生关系，增强学生对教师的认同感，以此来增强学生的学习积极性，学生也由跟随者变为了崇拜者。

所以，在教学中，教师需要处理好师生关系，理解、包容学生，营造良好的师生关系，促使学生全身心投入学习，增强学习效度。学生形成了道德意识，自然也就拥有了良好的心理素质和健康的心灵。值得注意的是，在德育教育过程中，教师需要关注后进生，对这些学生付出更多的爱以及鼓励，让他们感受到教师的关心，促进他们的发展。

（二）建立健全德育教育渗透评价体制

1. 遵循英语教学德育渗透原则标准

德育教育方式不同于传统的文化知识教育。一般在少儿教育阶段，教师会以系统讲授的方式来完成知识的传授，但德育教育通过单纯讲授是无法真正达到目标的。要想更好地完成德育教育在少儿英语教育中的渗透，并且取得较好的成效，需要遵循以下原则。

（1）遵循发展规律原则。身心发展特点和发展规律决定了，少儿阶段的学生在不同的年级和不同的年龄段都有差异，且学生之间的个体差异性决定了德育教育的复杂性。所以在进行德育教育时，教师需要把握好学生的年龄阶段特点以及学生的个体差异性特征，按照学生实际情况，进行不同的教育。以此为基础，以教学内容为载体，挖掘出教材内容中和生活中的德育素材，以更好地完成德育教育。

（2）遵循回归生活的原则。这个阶段的少儿拥有较强的好奇心，与此同时，认知力、想象力较弱，学习兴趣不浓，注意力不能长时间集中。这对这些特点，教师应将英语学科德育与实际生活结合起来。原因包括以下 4 点。

加入学生实际生活中熟悉的事物或者环境，能有效降低学生的心理压力，缓解学生紧绷的学习心态。

在生活中很多的事物具有趣味性，能在满足学生好奇心理的同时，激发学生的学习兴趣。

在学生熟悉的事物和环境中，对于学习的英语知识以及理解其中的德育内容能起到促进作用，提高德育效果。

在课堂中学习到的知识和道理，能运用到实际生活中，或者对自己的生活有帮助，能提高学生对英语学习活动的参与热情，为德育教育提供了非常有利的条件。

（3）遵循体验活动原则。少儿思维方式以感性思维为主，理性思维能力较弱。不管是对于周围事物的认知，还是知识的掌握，主要都是通过实践得以实现。所以，对于少儿来说更为有效的学习方式应该具有直观性、互动性和体验性。在实际教学活动中，英语教师需要尽可能增加英语活动的频率，将单纯讲解教学，变为体验式活动，和学生进行互动，这样才能取得好的效果。

2. 采用科学德育评价机制，评价课堂教学

德育与英语融合需要科学、高效，而想要达到科学而高效就需要优化教学环节。包括评价在内，也需要自觉加入德育元素。评价过程需要在教学评价范畴内，通过量化考核等方式，判断教师在教学中的表现，促进教师对德育教育的认知，对于思考德育如何才能更为有效地进行，也能起到一个积极的推动作用，以达到德育教育能够扎根英语课堂的目的。

其中，量化评价标准不应该是笼统、模糊的，而应该是清晰的，所以在量化标准上需要制定详细的规则，通过备课、教学过程等环节的量化，考评教师的教学效果，促使教师的英语教学目标切实可行，调动教师的积极性，促进英语课堂中德育的进行。比如，将优秀的英语德育教育课进行推广，促使其积极评选和交流，形成更好的交流氛围，对于教学表现突出的，进行适当的表彰或激励，让英语教师更为主动地将德育内容加入到课堂当中。

3. 运用多元化的评价方法进行德育

在少儿英语德育进行评价过程中，评价应该多元化，且教师需要善于运用多元评价的方法，促进评价的科学性、有效性，为培养学生思想道德素养，提升学生的行为习惯能力服务。

（1）多方参与德育管理。评价学生的道德水平需要运用多元的方法，来激发学生参与动力。比如学生自评、小组互评、班主任和任课教师评价等，让评价的主体变得多元，评价的机制也就更高效。同时需要注意过程性评价不能忽视，多次进行评价，这样才能使评价更科学。

（2）细化德育考评标准。英语课堂教学是英语教师实施德育教育的主要场所，所以德育考核评价应该更重视学生在课堂中的表现。教学过程中，教师应该利用各种资源对学生进行德育教育，组织学生开展丰富的教学活动。并制定对于学生的详细考核标准，从学生的言语表达、行为呈现、情感态度等方面，进行不同的考量，在日常教学中采取合适的评定方式，在一个阶段结束时进行汇总，针对不同的评级，开展更有针对性的德育教育内容，使德育考核标准细化，促进德育在英语课堂中的应用。

（3）实现评价主体多元化，有效改善评价态度。对学生进行德育评价时，需要采取多元化德育评价方法。将学生、班主任、任课教师的评价集中，形成"三位一体"共同参与的评价机制。实现学生的自评，学生相互间的互评，以及各任课教师的评价相结合，改变传统评价中的评价主体单一的模式影响，实现多次评价、随时性评价、档案袋式评价方式相结合，由终结性评价向形成性评价发展。科学的评价体系不仅能激发学生的内在需要和动机，还能促进学生养成积极的思想道德意识和健康的生活学习习惯。

（4）评价学生时，重点关注学生在日常学习中对英语的兴趣、态度以及英语的运用能力。少儿英语的评价形式主要有教师评价、小组互评、学生自评、家长评价。

在这 4 种评价中，学生更为看重的是教师的评价。所以，教师在评价时需要关注学生在课堂中的表现，对于学生的进步和优点，需要进行表扬和肯定的评价，不能将最后的分数作为评价的唯一标准，这样，才能发挥评价的服务作用，帮助学生树立英语学习信心、激发英语学习兴趣。教学中，教师可以经常运用一些鼓励的语言，如 Good, Great, Excellent, Good job, Well done, Wonderful! You are a good boy 等。这些肯定的表扬语言，会让学生感受到鼓励与肯定，增强自信心，收获成功的喜悦感。当然，对学生进行肯定的方式也不仅限于语言方式，这些方式多种多样，比如教师还能用自己的体态语言来表达赞扬，像竖大拇指、和学生击掌、鼓掌等都能表示对学生的赞赏和肯定。

（三）营造良好的德育教育渗透氛围

1. 培育校园文化，营造良好德育渗透氛围

学校的文化环境对学生道德人格发展有着巨大的影响。好的校园文化氛围，能产生充满正能量的引导力，促进学生向更好的方向发展。教育家杜威曾说："成年人有意识影响儿童是要从环境入手的。环境具有自生性，不会始终按照一个既定的轨道发展下去。教育影响的效果，要看环境的情况。一个明智的家庭与否，主要看能否根据儿童发展的思想特点，开展片段化、零散化的教育。而对于学校而言，那么则需要一种长期稳定的思想引导，需要一种文化环境的构建，增强德育教育的影响力。"[①] 可以看出，学校对于学生德育方面的影响是深远的。

英语教学中进行德育教育，需要一个好的德育环境校园来带动文校园化的建设，让所有的学生都能在和谐的校园文化熏陶下，规范自己的日常行为，提高精神品质。英语教学中的德育元素，不仅需要在课堂中发挥作用，还需要向校园拓展，让学生在课堂中所学或收获也能在校园里感受得到。校园文化和德育知识紧密结合，促进学生能知行合一。使学生将在校园中的感受带到学习英语知识的过程中，将许多有价值的道德思想贯彻到实践中，使得德育教育更充分。

校园环境对于塑造学生发挥了巨大的作用。学校管理者应该和一线教师一起携手共建良好的德育环境。德育环境的建设形式丰富多样。比如，可以开展多样化的文化节、艺术节、体育节等活动，以此来营造良好的校园氛围，还能通过校园展板、标语等来彰显校园精神。又或者将一些深刻的道理以学生感兴趣的方式展示出来，用英文制作一些公共展板，展示或者介绍校园情况等，学生置身于这种德育的环境中，自然能对自身德育培养起到一定的作用，在英语课堂上也能更好地学习教师传递的积极向上的德育内容。

2. 开展课外英语活动，营造良好德育教育氛围

课堂教学是学生学习知识和技能的主要方式，德育也应该依靠课堂进行。但是英语课堂的时间有限，再加上教学任务繁重，德育教育想要单纯地通过课堂中有限的时间来实现德育教育，是远远不够的。想要学生真正地养成良好的道德品质、形

---

① 杜威. 民主主义与教育［M］北京：人民教育出服社，1990.

成行为习惯，就要知道德育教育拥有长期性，要对学生进行长期的德育教育。所以少儿英语中德育教育需要向课外延伸和拓展，促进课外活动蓬勃发展，调动每个学生的积极性，发挥教师的引领作用。英语课外活动需要丰富多样。由德育处教师、英语教师共同创建活动，引导学生成立英语社团，共同参与活动的创设与实施。具体来说有以下 4 点。

（1）举办英语竞赛活动。培养少儿的挑战自我意识、获得荣誉的意识。比如举办英语书写、英语朗读、英语歌唱、单词竞猜等形式的竞赛，并设立相应的奖项，推动学生个人或团体参赛，激发学生完善自我的意识，让学生感受集体协调合作的意义，激励全体学生共同进步。

（2）开展英语手抄报活动。可以将这种形式作为常态化的活动项目，如 Poen and Folk Rhymes（诗歌），Knowledge（百科知识）等。这可以作为学生学习知识的新窗口，学生能在这里进行自由表达，有利于学生英语知识开阔视野，从而培养自我责任意识，形成良好的价值观念，个性化地发展英语能力。

（3）创建校园英语广播站。鼓励学生用英语表达自己身边和周围发生的事，或者播放一些歌曲，培养学生形成积极向上的心态，拥有良好的情感体验。

（4）创建学校英语角，拟定特定主题，展开活动。在活动中，学生用英语进行交流。为学生英语的学习创造一个平台，这样，不仅能锻炼学生英语口语表达能力，还能促进学生的交际能力，在交流中塑造性格，提升学生德育水平。

（四）有效开展小学英语德育教育

少儿英语德育的方法应该多样化，创设教学情境，深挖英语教材内容。注重寓教于乐模式，加强德育在英语教育中的学习和思考，以达到英语教学和德育教育的双重教学效果。

1. 创设良好德育教育教学情境

教师应该在具体的情境中进行德育内容。语言学习离不开情境的依托，学生能通过情境有效学习。英语是西方语言，代表着西方的文化知识，作为语言，英语具有交流和沟通的作用，所以，学生在学习英语时也需要在具体的语境氛围中学习。在实践证明了的有效教学方式中，语境情境学习包含其中，通过模拟交际活动，实现英语教学目标。在英语教学中德育教育需要结合英语学科特点，充分借助语言运用的情境特点，来开展或组织教学活动。教师需要做的是创设良好的教学情境，激发学生学习兴趣，促使学生自觉接受德育教育。

在少儿英语教学中，情境教学可以给学生创造出一个真实的氛围，让学生有身临其境的感觉。创设以德育教育为主题的情境，能加深少儿对于道德品质的理解和认识，从真实的情境中感悟德育教育的最高境界。英语教师需要尽可能地丰富教学方式，以达到激发学生对英语学习的兴趣、增加学生的生活体验、提高认知能力，采用参与、体验、实践等方式，帮助学生树立积极的情感观念，提升自我领悟力。

比如教师在为学生讲授“I like...”这个句型时，教师可以采用动物为主题，进行句型示范，然后让学生进行分组，以喜欢的动物为题进行讨论，“I like lions.”“I don’t like lions, I like snakes.”“I don’t like snakes, they are scary, like dogs.”通过情景对话，学生会发现各自的喜好是不同的，“We are best friends, but we are different. That’s interesting.“Although We are different, but it’s okay.”借助这样的对话练习，少儿可以用英语将自己的喜好表达出来，同时明白不同的人有不同的喜好，需要给予他人以尊重和理解。从某个角度来说，可以纠正学生的自我中心思维。不管是哪种教材，类似的情景对话材料多不胜举，教师应该充分利用情景对话，以加强对学生的德育教育。

再比如，学习动物名称时，可以借助多媒体，让教学变得更生动，或者让学生准备相应的动物图案面具，要求学生对相应动物进行声音或者动作的模仿。在这很大程度上能激发学生的参与积极性，通过游戏教授新的句型，让学习形式变得生动活泼，学生更愿意开口表达，教师也不需要吃力地传授，通过对动物的保护行为的了解过程，让学生体验到爱护动物的重要性。

又或者，教师通过展示挂图，让学生做出道德价值的判断，抵制不文明现象，在讲授知识的过程中，便潜移默化地完成了德育教育，以形成良好的道德观念。在教学学习“What would you like?”和“Would you like...”的功能结构时，可以设计在饭店吃饭、在家接待客人的情景。在学习“What’s the weather like?”时，可以设计“天气预报播报”。在学习“How much is it?”时，设计小商店的情境。在交流中，学生能扮演不同的角色，感受不同角色的思想，那么，学生就能够设身处地为别人着想，也在学生的内心埋下文明的种子。

2. 挖掘英语教材德育教育资源

教材是学习的载体，在教学中，教师需要重视教材中的德育元素。很多的教材内容都含有情感态度，比如描述亲情、友情、文明礼仪、文化传播等，这些都是德育教育的资源。

（1）立足课堂。道德情感的教育需要基础加以引导。教材就充当着这个角色，情感引导也就凭空而出，通过课堂实际自然而然进行。

比如，在一个版本的小学英语教材五年级上册 Module 6 Unit 1 You can play footbal1 well 中，Amy 和 Sam 对于玲玲进行鼓励，促使她加入 football team。在支持下，玲玲不断进步，最终成为"goalkeeper"。这可以作为情感教育的资源，教师可以将其给学生进行展示。同时，教师也可以运用多媒体，给学生展示名人的经历与成就，当然也有体育明星：Yao Ming can play basketball well. He is a super basketball star. But he can't swim well。紧接着，教师可以对有差异的学生，进行针对性的问题设计，让学生勇于表达，明确自我的认识：I can...well, but I can't well。教师和学生能一起进行讨论，并对其鼓励：You can...well, so you can be a.../You can do...well. We're your fans!

这种德育教育要比说教更为震撼有力。在不知不觉中滋养学生的心灵。在交流沟通中使用鼓励的话语温暖学生，不仅满足了教学的知识层面，还促进学生正确认识自己，找到自己的长处和不足，树立学生自信心。

（2）动手参与，感同身受。英语表达对学生来说很难，口语的锻炼是英语学习关键。教学中教师需要鼓励学生开口表达，感受英语的力量。英语教材很多，但也不乏其包含的许多优质内容，可以用来培养学生的爱心。比如五年级上册 Module 7 Unit 2 The little girl can't walk. 以图文展示了：...can't...；...helps...The old man can't sit down. A kind girl helps him. The little girl can't swim. Her mother helps her. 教师可以辅助以一个短片，内容可以是，在父母的呵护下，孩子逐渐长大。然后接另一个视频，内容可以是关于空巢老人和孤儿院儿童的内容，这种对比，会使学生想要表达自己的观点。...can't...I can...I can help him\her. 教师能进行适当引导，引导学生表达出所想，怎样对以孤儿院儿童进行帮助及思考如何照顾父母。紧接着引导学生写一封信给各自年老之后的父母。这种带有情感氛围的画面，直冲击心灵，促使学生体验情感，产生或培养孝顺父母的意识，增强德育的实效性。

3. 注重寓教丁乐的德育教育模式

（1）教学内容多样化。教学内容的多样性让课堂教学变得生动有趣，学生自然也愿意全身心地投入跟随教师节奏进行学习。少儿英语的德育教育，需要巧妙运用多种教学活动。对于少儿来说，德育教育的最佳也是最有效的方式是实践活动。实践活动可以充分调动学生的学习积极性，推动学生将知识内化为自身的道德情感，达到寓教于乐的教育效果。比如在“Thanksgiving is my favorite festival”这一课教学中，教师可以以感恩节为德育教育的突破口，帮助学生树立感恩意识。

（2）教学手段多样化。在设计教学时名教师需要对西方文化的内涵进行充分的了解，挖掘感恩节这个内容中的德育教育元素，然后将它展现给学生。同时教师也需要将中西方文化进行对比，在西方，感恩节人们会聚集在一起，直白真诚地表达内心的感恩之情。感恩节感恩的对象包括亲朋好友、社会、大自然等。为了上好这节课，教师可设计一个“爱心”的课堂活动，在交流当中，师生一起表达感恩之情。基于这个活动目标，课堂中师生就会更用心地去完成每一项任务。

笔者在聆听一节观摩课时，一位有经验的教师是这样处理的：向学生介绍自己，讲课教师特地赋诗一首。诗歌如下。

This class is special（特别的）.

Joanna is new here.

We don’t know each other.

We learn English together.

We can be friends later.

I wish you be happy forever（永远）.

押韵的诗句配上优美的旋律，教师为学生创造的诗歌当即就收获了学生的一致赞赏以及一句发自内心的“Thank you!”

在教材中对“人们如何表达感恩”只有“We say thank you to each other”，讲授的教师设计了让学生写感恩节贺卡的环节，让学生更生动形象地表达感恩，深化感恩节的内涵。其中也有一个难题，即让学生根据自己的生活经历和情感体验进行简单的表达，这是抽象的，而且学生没有可参照的句式，难以书写。但讲授教师播放了一首歌曲“Thank you”来引导学生表达感恩，歌词：“Thank you for waking me this morning. Thank you for giving me today. Thank you for giving me sweet music. Thank you for everything you give me...”这首歌曲十分贴近感恩节主题，对学生起到了一定的引导作用，学生思维开始变得清晰，表达感情也更加细腻，书写贺卡就变得轻松了起来：Thank you for helping me with my English, Lily. /Thank you for teaching me English, Joanna. /Thank you for staying with me when I'm sad. /Thank you for playing ball games with me after school... 学生在这种氛围中对于别人给予自己的帮助也有了深刻的理解，改善了学生对待他人的情感态度。

最后环节，教师发放卡片，引导学生在课堂上亲手制作贺卡，表达对某人的感谢之情，在学生心中就会留下深刻的印象，感受到得到帮助时的温暖。有一个学生还对教师表达了感谢之情：Thank you for teaching me English. /Thank you for your sweet smile. /Thank you for your beautiful English... 最终，“爱心”活动在师生的共同努力下圆满完成。

4. 加强英语德育教育合作学习

学习是群体性的活动，合作学习是智慧型的群学模式，对师生都有着重要的意义。小组合作学习体现了生本建构理念，能显著提升教学质量，德育教育渗透需要充分发挥合作学习模式的优势，让学生在合作的形式下互相启发，实现智慧共享。在此过程中教师需要更加科学合理地参与其中，并对其中出现的问题进行总结，提出方法，以此来提升小组的合作学习效率。

（1）异质分组，分配任务。合作共赢才能产生巨大的能量。在少儿学习中，这种方式也是不可或缺的，汇集学生的智慧，就能更好地进行德育渗透教学。异质分组首先需要进行小组划分，小组的划分需要考虑学生学习水平、思维能力、个性喜好等差异，以互补的形式来分组，人数最好控制在 5 人左右，因为有实践表明 5 人一组效果最好，这样小组内部就形成了互相补充、沟通和促进的氛围，小组成员就都能找到自己的位置，一起协同发展，为小组合作任务的完成奠定基础。

（2）发挥教师的引导作用。在少儿英语教学中，合作学习需要教师的引导。在做好小组划分后，教师接下来需要在合作过程中进行适当的指导，推动学生加深对合作任务的认知，把握合作过程，最终达成目标。教师要推动学生合作高效化，帮助学生突破思想道德意识不足的问题。

（3）丰富小组活动内容。少儿英语教学中的德育教学内容多样化，所以，必须对合作学习内容进行优化。小组需要从丰富的活动内容中，选择对英语学习有利的资料。少儿阶段的英语不难且教材中对话较短，因此，教师可以让每组学生，针对学习内容中的人物、事件和其中的思想情感进行讨论，让他们自己进行价值判断。

值得关注的是，阅读是英语教学的重要组成，也是学生获得道德价值观念的桥梁，教师可以对此引导小组，对教材中体现出的德育教育内容进行辩论与思考。

（4）加强合作学习的多元呈现。知识来源于生活，英语教材中的知识和生活息息相关。因此，教师应该根据教学实际，创设学生能够进行生活场景模拟的内容。挖掘出其中的德育元素，让学生树立良好的道德价值观念。

运用多媒体教学手段，让合作学习变得生动有趣，每个小组在学习过程中的学习结果，可以用多媒体的方式将成果立体化、有趣化。比如，在学习“I helped Mum”时，教师能通过预先让分组，以小组的形式通过多媒体展现成员是如何在生活中帮助妈妈的，多媒体展现的形式多样，在小组展示时，还可以由小组成员来进行讲解，学生在活动中，就能自觉地帮助妈妈，此次德育教育也就高效完成了。相较于让教师去生搬硬套地说教，明显这样的方式要有效得多。

（5）利用少儿特点，加入游戏元素。少儿天性不喜欢被约束，喜欢尝试，具备一定的动手能力，热爱游戏，教师可以利用这些特点，组织小组游戏。在一些知识讲解，比如词汇或句型教学时，适当加入游戏。比如，在学习水果有关词汇的时候，教师可以在前期准备时，运用教具来辅助教学，就是设计游戏，组织学生进行游戏竞赛，学生在集体中就会增强集体主义精神，参加集体活动时就能更好、更积极地参与进来。

5. 编演好德育教育英语课本剧

英语作为语言，是人们交流的工具之一，也就是说，使用语言是英语学习过程的最佳学习途径。在英语教学中，教师不仅要让学生学会书写表达，还需要特别注意学生的口语表达，在现实学习中，有的学生在口语表达方面往往不顺畅，或者害怕口语表达，这需要教师通过组织学生进行有效对话，练习学生的口语表达能力，实现英语能力的全面提升。这背后更重要的是，英语的德育教育，需要通过教师和学生间的交流和沟通得到有效传递，让学生能够亲身体验、感悟英语的魅力和英语知识背后的情感力量，这可以为英语教学提供一个新的思路。

英语课本剧的编演活动，是教学开展的有效形式，这个活动，可以突出学生的主体地位，让学生能更充分地表达和交流，让他们将知识和知识背后的情感价值进行自我内化，将这些所学真正变为自己所拥有的。教师普遍认为在实际进行德育教育时，编演课本剧既能保障目标的达成度，还能保证教学的有效性。同时，编演课本剧不是人人都能做好的，它对教师和学生都提出了非常高的要求，需要教师有超高技术水平。课本剧选材都是来源于教材中的内容，这种情况下，学生既能运用所学知识，又能将本剧的内容变得简单，让学生能容易接受，对学生来说，它能让学生将所学的知识进行巩固和运用。学生利用课外时间进行课本剧编排，在课堂上展现编排成果，在编排和呈现的过程中，学生就能在无形中塑造积极向上的道德观念。

例如，教师在讲授完“Don’t talk in the library”后，可以给学生留个任务，结合课本所学内容，以“公共场所的文明行为”为主题，让学生运用关键词汇 line, stand in line, close, rule, quiet, problem, No problem 等编演课本剧，模拟在公共场所的情景。其中学生需要使用新句型 don’t talk in the...Please stand in 1ine. 使用祈使句“Please do sth.”及“don’t do sth.”发出指令或要求。教师指导小组划分，组内再进行工作细分，然后进行编排对话，最后将编排成果在课堂上进行精彩呈现。课堂上进行精彩呈现离不开课本剧编演过程中，学生之间的相互配合和交流、沟通。教师通过组织学生以他们喜欢的形式进行课本剧编演，让学生乐在其中，同时增强学生的英语语言的把握和理解能力，让学生在乐于交流的同时，聚在一起进行团结协作，也就培养了学生的集体感和协作意识。

在此过程中，教师并不是置身事外的，而是需要对学生进行及时的指导和辅助，首先，学生的英语原因掌握能力有限。其次，对于课本剧的编排以及表现，学生有可能会出现畏难情绪，这些不管是对于语言的运用还是德育教育都是不利的。这个时候，就需要教师的介入，给予学生帮助和鼓励，让学生能顺利、积极地完成作品，并进行呈现。在这个过程中，不仅能增强学生的自信心理，还能激发学生的创造意识，在实践中提高学生的思想道德水平。

之所以强调德育教育对于少儿英语的重要性，是因为少儿阶段的学生是身体成长和思想初步形成的关键时期。少儿阶段的孩子天真烂漫，缺乏社会生活经验，在是非观念以及分辨能力上都容易受到外界的影响。少儿阶段学生又拥有丰富的好奇心以及强烈的模仿能力，所以这个阶段的孩子就有非常大的空间对他们进行塑造，在学校对他们进行积极的、富有正能量的德育教育，是教育工作者义不容辞的责任和首要任务。少儿德育教育工作长时间都是依靠学校德育部门开展，主体力量是班主任，而学科德育工作开展较少，这样德育教育就远远达不到目标。

英语作为一门语言，本身蕴含着很多思想道德领域方面的内容。所以，在英语教学中进行德育教育是可行的。德育教育的有效进行，对于少儿英语教学来说起到了双重作用，即拓展英语教学的价值和内涵，形成更加外放性的英语学科课程；通过英语课堂潜移默化地影响小学生的道德行为。作为少儿英语教师，通过对少儿德育教育在英语课中的现状进行了解，加以分析，对如何将德育教育与小学英语课堂教学紧密结合进行研究，总结出有效结合的方法，就能更好地促进少儿全面发展，同时提升自身的教育教学能力。

少儿英语德育教育的必要性，首先体现在教育大环境下的客观需要；其次是小学英语课程标准的需要；最后也是小学生人格培养的需要。这些都在揭示德育教育在英语教学中的重要性。

参考文献

[1] 中华人民共和国教育部．义务教育英语课程标准（2011 年版）[M]. 北京：北京师范大学出版社，2012.

[2] 胡海燕．小学英语课堂教学活动设计 [M]. 杭州：浙江教育出版社，2010.

[3] 吉桂凤．思维导图与小学英语教学 [M]. 北京：教育科学出版社，2015.

[4] 李静纯．小学英语故事教学 [M]. 北京：外语教学与研究出版社，2013.

[5] 鲁子问．小学英语教学设计 [M]. 上海：华东师范大学出版社，2018.

[6] 张志泉，王俊英．小学英语教学设计 [M]. 上海：复旦大学出版社，2020.

[7] 崔照笛，孙早笛，张丽娜．小学英语教学基础 [M]. 长春：吉林大学出版社，2020.

[8] 李向武．少儿英语教学技能 [M]. 成都：西南交通大学出版社，2018.

[9] 李朝侠．"雅慧" 小学英语教学 [M]. 长春：吉林人民出版社，2019.

[10] 郑蔚．儿童英语教学认知研究 [M]. 武汉：武汉大学出版社，2017.

[11] 田凌．"魔力耳朵" 在线少儿英语教育平台的蓝海战略研究 [D]. 山东财经大学，2020.

[12] [1] 赵晓洁．任务型教学视角下的《剑桥国际少儿英语》教材中任务活动分析 [D]. 天津师范大学，2020.

[13] 彭璐，方琼．少儿英语的教与学 [J]. 科教文汇（中旬刊），2019（02）：135-136.

[14] 张珍珍，刘培瑜．对少儿英语启蒙教育的思考 [J]. 科教文汇（中旬刊），2019（01）：140-141.

[15] 在线少儿英语教育市场观察 [J]. 软件和集成电路，2018（09）：20-21.

[16] 张淑燕．少儿英语教学模式初探 [J]. 昭通师范高等专科学校学报，2004（06）：70-73.

[17] 李雪锋．浸入式教学法在少儿英语教学中的应用 [J]. 内江科技，2018，39（11）：57+48.

[18] 包玉凤．故事教学法在小学英语教学中的应用分析 [J]. 甘肃教育研究，2022（08）：127-129.

[19] 谭平华．"双减" 背景下小学英语阅读教学的有效对策探究 [J]. 英语广场，2022（21）：134-136.

[20] 张娟．浅谈英文绘本在小学英语教学中的运用 [J]. 英语广场，2022（18）：134-136.

[21] 孙云蝶，张梦雪．课程思政背景下小学英语教学策略研究 [J]. 海外英语，2022（11）：161-163.

[22] 王永明．绘本在小学英语课堂教学中的实践探究 [J]. 亚太教育，2022（09）：133-135.

参考文献